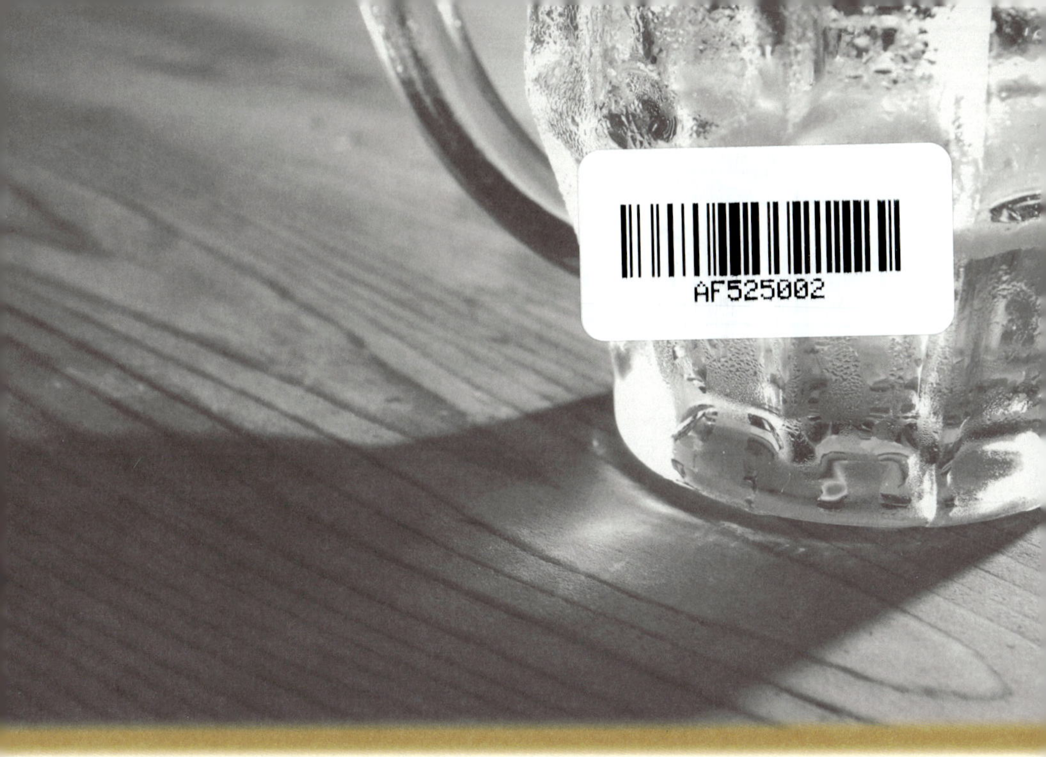

Stammtisch-gespräche

5-Minuten-Vorlesegeschichten für Menschen mit Demenz

Annette Weber

Verlag an der Ruhr

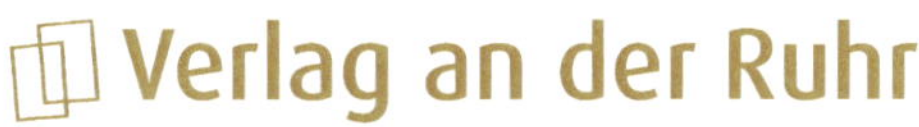

Impressum

Titel
5-Minuten-Vorlesegeschichten für Menschen mit Demenz
Stammtischgespräche

Autorin
Annette Weber

Titelbildmotiv
© boing/photocase.com

Verlag an der Ruhr
Mülheim an der Ruhr
www.verlagruhr.de

Ein Hinweis für die Vorlesenden:
Seien Sie umsichtig im Umgang mit Demenzkranken, denn viele Betroffene reagieren beim Lesen des Wortes „Demenz" sehr empfindlich. Im Einzelfall kann es daher sinnvoll sein, das Wort „Demenz" im Titel des Covers abzukleben, oder Sie verwenden beim Vorlesen eine Schutzhülle als Buchumschlag.

Unser Beitrag zum Umweltschutz:
Wir sind seit 2008 ein ÖKOPROFIT®-Betrieb und setzen uns damit aktiv für den Umweltschutz ein. Das ÖKOPROFIT®-Projekt unterstützt Betriebe dabei, die Umwelt durch nachhaltiges Wirtschaften zu entlasten.
Unsere Produkte sind grundsätzlich auf chlorfrei gebleichtes und nach Umweltschutzstandards zertifiziertes Papier gedruckt.

ISBN 978-3-8346-2382-9
Printed in Germany

Inhalt

Liebe Vorlesende, liebe Zuhörer!

Im vergangenen Jahr im Frühjahr habe ich schon einmal zwei Bücher für diese Reihe geschrieben und war sehr überrascht und erfreut, dass sie so gut angekommen sind. Das hat mich natürlich beflügelt, weitere Geschichten zu schreiben.

Ich heiße Annette Weber. Seit fast 30 Jahren schreibe ich Bücher, Geschichten und Theaterstücke für Kinder und Jugendliche. Nun auch einmal Geschichten für ältere Menschen aufzuschreiben, ist mir eine große Freude.

Die Gespräche beim Stammtisch sind immer besonders. Sie drehen sich oft um Politik, um Entwicklungen in der eigenen Stadt oder im Dorf, manchmal auch um einzelne Menschen, die etwas Außergewöhnliches erlebt haben.

rwort

So treffen auch in meinem Buch „Stammtisch-gespräche“ Menschen aufeinander, die einem gemeinsamen Verein angehören und die sich etwas Besonderes zu erzählen haben.

Die Arbeit an dem Buch hat mir viel Spaß gemacht. Ich hoffe, Sie spüren das zwischen den Zeilen.

Ich wünsche Ihnen mit diesem Buch viel Freude und hoffe, dass Sie sich beim Vorlesen oder Zuhören an persönliche Stammtischgeschichten und einzigartige Begegnungen erinnern.

Liebe Grüße
Annette Weber

Über die Reihe

Lesen ist eine der schönsten und zeitlosesten Freizeitbeschäftigungen für Jung und Alt. In Erzählungen abtauchen, sich in andere Personen hineinversetzen, via Fantasie Zeitreisen unternehmen ... Lesen bietet die Möglichkeit, dem Alltag zu entfliehen und ihn gleichzeitig zu verarbeiten. Wem das Lesen jedoch Mühe bereitet, kann Lesevergnügen auch über das Vorlesen erleben.

Die Reihe **„5-Minuten-Vorlesegeschichten für Menschen mit Demenz“** berücksichtigt die Einschränkungen von Demenzkranken mit kurzen, pointierten und einfachen Geschichten, die an das Alltagserleben anknüpfen. Mal humoristisch, mal nachdenklich oder auch religiös-besinnlich – je nach Anlass und Situation können Sie die passende Geschichte auswählen und die Zuhörer zum Gedankenaustausch anregen. Die entsprechenden Anschlussfragen zu jeder Geschichte bieten die dazu nötigen Anknüpfungspunkte – für ein abwechslungsreiches (Vor-)Lesevergnügen!

Der Heiratsantrag

Auf die Freitage freute ich mich immer besonders. Das war Hildes und mein Tag. Zuerst kam sie mit ihren Turnschwestern zum Stammtisch in meine Gaststätte, dann blieb sie immer noch bis zuletzt, setzte sich zu mir an die Theke und wir unterhielten uns noch in wenig. Neuerdings blieb sie dann manchmal sogar über Nacht bei mir. Sie war einfach meine Traumfrau. Ich hatte mich sofort in Hilde verliebt, als sie das erste Mal meine Gaststätte betreten hatte.

Nun waren wir schon seit einem Jahr ein Paar. Aber immer noch hatte Hilde nicht den Mut gehabt, es ihren Freundinnen vom Stammtisch zu erzählen.

„Was denken die denn von mir? Verliebe ich mich in einen Wirt und verbringe die Nächte in einer Kneipe", sagte sie immer.

Das ist mir schon oft mit Frauen passiert. Es gibt ja das dumme Vorurteil, dass Wirte Trunkenbolde und Taugenichtse sind. Aber auf mich traf das wirklich nicht zu. Ich trinke kaum Alkohol und meine Gaststätte führe ich gewissenhaft.

„Heute werde ich es endlich meinen Freundinnen erzählen", hatte mir Hilde versprochen.

Wenn sie das tun würde, wollte ich auch ein Versprechen einlösen, das ich mir selbst gegeben hatte: Ich würde Hilde einen Heiratsantrag machen. In der letzten Woche hatte ich bereits Verlobungsringe gekauft.

Oh Mann, was war ich aufgeregt! Ich wagte kaum, zu Hilde hinüberzuschauen, als sie und ihre Turnschwestern die Gaststätte betraten. Sie setzten sich wie immer an den Tisch hinten in der Ecke, dann schnatterten sie los. Es gab so eine große Dünne – Lilo – die immer furchtbar viel redete und ein richtig lautes Organ hatte. Aber auch die anderen waren nicht gerade die leisesten. Sie lachten und schwatzten, tranken Bier, Wein oder Apfelsaft, hin und wieder auch mal einen Likör, und tauschten die Neuigkeiten aus, die sich im Dorf ereignet hatten.

„Hilde, jetzt erzähl uns doch endlich mal von deinem Freund", blökte Lilo quer über den Tisch, so laut, dass sich alle in meiner Gaststätte nach Hilde umsahen.

Hilde warf mir einen kurzen Blick zu und lächelte. Dann blickte sie sich im Kreis ihrer Turnschwestern um.

„Ja, wisst ihr es denn wirklich nicht?", fragte sie und blickte in ratlose Gesichter.

Nein, die anderen hatten offensichtlich keine Ahnung. Hilde winkte mich darum zu sich herüber. Als ich neben ihr stand, zog sie mich neben sich auf die Bank, legte ihren Arm um mich und gab mir einen Kuss.

„Hajo und ich sind ein Paar", sagte sie dann. „Sagt bloß, das habt ihr nicht gemerkt!"

Lilo klappte die Kinnlade herunter. Sie suchte nach Worten.

„Also … das ist ja … also … ich weiß gar nicht, was ich dazu sagen soll", stotterte sie perplex.

Auch die anderen waren zunächst sprachlos. Dann aber redeten sie alle wild durcheinander.

„Was seid ihr doch für ein schönes Paar."

„Ihr passt wirklich gut zueinander."

„Eine tolle Wahl", so schwirrten die Stimmen durcheinander.

Nun war mein Moment gekommen. Ich stand auf und verneigte mich.

„Darf ich den Damen ein kleines Geschenk machen? Ein Eis vielleicht?"

Das hatte ich mir extra so ausgedacht. Ich wusste, dass Hilde auf alle Fälle ja sagen würde. Sie liebte Eis über alles. Und auch die anderen hatten Appetit darauf. So verschwand ich in der Küche, holte sechs Eisschalen aus dem Schrank und gab Vanille- und Schokoladenkugeln hinein. Nur in ein Schälchen legte ich zuunterst den goldenen Ring. Als alle Becher fertig waren, gab ich noch Schlagsahne darüber. Ich kehrte in den Gastraum zurück und verteilte die Schälchen an die Turnerdamen. Dabei achtete ich sorgsam darauf, dass ich die Schälchen nicht verwechselte. Hilde musste natürlich den Eisbecher mit dem Ring bekommen. Wäre ja zu peinlich, wenn ich meinen Heiratsantrag an Lilo richten würde!

Die Frauen bedankten sich. Lachend und schwatzend machten sie sich über die Eiskugeln her und riefen immer mal wieder zu mir hinüber, wie gut es ihnen schmeckte.

Leise öffnete ich derweil hinter der Theke eine Flasche Sekt und verteilte ihn auf sieben Gläser. Dann wartete ich aufgeregt. Mein Herz klopfte. Gleich kam der Moment.

Da! Hilde schrie auf.

„Was ist denn ... Oh, mein Gott, was ist das?"

Die anderen starrten sie erschrocken an: „Was ist denn los, Hilde?"

„Irgendetwas ist in meinem Eis. Igitt, was ist das nur?" Sie fuhr mit ihrer Zunge im Mund herum und brachte schließlich den Ring zum Vorschein. Sie starrte ihn wie eine Fata Morgana an und auch die anderen schauten völlig verwundert.

Nun war mein Auftritt gekommen. Ich trat an den Tisch.

„Hilde", sagte ich vor all ihren Freundinnen. „Willst du meine Frau werden?"

Jetzt war es so still, dass man eine Stecknadel hätte fallen lassen können.

Hilde blickte fassungslos vom Ring auf mich, dann wieder auf den Ring.

„Möchtest du mich heiraten?", fragte ich noch einmal.

„Ja", stammelte Hilde fast tonlos, starrte dann wieder auf den Ring. Schließlich sprang sie auf, umarmte mich stürmisch und küsste mich.

„Mach das nie wieder", lachte sie. „Beinahe hätte ich den Ring verschluckt und dann wäre es nichts geworden mit dem Heiraten."

Jetzt lachten alle und redeten durcheinander.

Ich ging zur Theke hinüber und holte die Sektgläser. Dann prosteten wir uns zu.

„Auf die Liebe", riefen wir. „Und dass sie ewig anhält!"

Lassen Sie erzählen:

* Wie haben Sie Ihren Mann/ Ihre Frau kennengelernt?
* Wo haben Sie Ihren Heiratsantrag bekommen?
* Wie haben Sie Ihrer Liebsten einen Heiratsantrag gemacht?
* Wie sah Ihr Verlobungsring aus?
* Waren Sie Mitglied im Turnverein?
* In welchem Verein waren Sie Mitglied?
* Welche Freunde haben Sie im Verein kennengelernt?

Stadtväter unter sich

Die Gaststätte in unserem Dorf hatte ich von meinen Eltern übernommen. Eigentlich wollte ich gerne Lehrerin werden, aber dann musste mein Vater in den Krieg ziehen und ich war gezwungen, zusammen mit meiner Mutter die Gaststätte alleine weiterzuführen. Auch als mein Vater aus dem Krieg zurückkam, arbeitete ich weiter in der Gaststätte. Es gab viel zu tun und ich hatte ja auch nichts anderes gelernt.

Als die schweren Zeiten endlich vorüber waren und es wirtschaftlich im Land bergauf ging, gab es so viele Feste und Feiern, dass wir alle Hände voll zu tun hatten.

Mein Vater bediente die Gäste im hinteren Gastraum, ich war für die Kneipe zuständig und meine Mutter hatte die Küche unter sich.

Eine Gaststätte zu führen, ist kein Zuckerschlecken. Meistens bin ich bis spät in der Nacht auf den Beinen und morgens um 11 Uhr kommen schon die ersten wieder zum Frühschoppen. Doch natürlich macht mir die Arbeit auch viel Freude. Und ich weiß zum Beispiel meistens über die allerneusten Geschehnisse im Ort Bescheid. Auch die politischen Entscheidungen bekomme ich oft mit, denn die Stadtväter treffen sich natürlich ebenfalls in unserer Kneipe zum Stammtisch.

Auch an diesem Abend waren die Stadtväter wieder da. Ich sah ihnen gleich an, dass sie etwas Wichtiges miteinander zu besprechen hatten. Sie sprachen leise und beugten sich über eine dieser Karten, wie sie das Land für Vermessungen erstellt. Wie immer bediente ich sie freundlich und zurückhaltend, war darauf bedacht, nicht auf die Karte zu schauen und schnell die Bestellung aufzunehmen. Doch ein kurzer Blick auf die Karte genügte und ich wusste, über welches Stück Land die Stadtväter sich unterhielten. Es waren die Ländereien im Süden der Stadt. Einige Grundstücke dort gehörten Berta Gieselmann, meiner besten Freundin. Sie war vor einiger Zeit Witwe geworden und war nun ganz allein auf ihrem Hof.

Was hatten die Stadtväter nur mit dem Land vor? Leise und unauffällig ging ich in den vorderen Teil der Theke, wo sie mich nicht sehen konnten. Dann lauschte ich angestrengt.

„Wenn wir die Straße hier entlanglegen", sagte unser Bürgermeister und zog mit seinem Finger über das Blatt, „liegen diese Grundstücke direkt an der Straße. Von hier aus zweigen wir kleinere Straßen für die neue Siedlung ab".

Unser Ratsvorsitzender Henner lachte ein heiseres Lachen.

„Und die Grundstückspreise steigen um das Zehnfache, oder?"

Nun lachte auch der andere Ratsvorsitzende, dessen Namen ich nicht kannte.

„Der Henner und ich können jede müde Mark gebrauchen", meinte er.

„Habt ihr dort auch Grundstücke?", fragte der stellvertretende Bürgermeister überrascht.

„Natürlich. Weißt du das denn nicht? Der Henner hat hier seine Ländereien", der Ratsvorsitzende zeigte auf die Karte. „Meine liegen hier und wenn ich mich nicht allzu sehr täusche, gehört das Land hier dem Bürgermeister, oder?"

Nun lachte auch der Bürgermeister.

„Wir wollen ja alle mit dem Plan zufrieden sein, oder?", meinte er. Dann puffte er den Henner an.

„Übrigens, wenn ihr euch noch ein paar Mark dazuverdienen wollt: Diese Ländereien dort ganz im Süden werden auch von der neuen Bauregelung betroffen sein. Und wisst ihr, wem sie gehören?"

Ich hielt die Luft an.

„Der Bäuerin Berta Gieselmann", platzte der Bürgermeister nun heraus. „Und wie ihr alle wisst, hat sie gerade ihren Mann verloren und der Hof wächst ihr über den Kopf. Ich könnte ihr anbieten, die Ländereien abzukaufen. Für einen günstigen Preis, versteht sich. Ist ja nur Wiesengrund."

Die Ratsherren lachten.

„Und zwei Jahre später hat sich der Wiesengrund in schönstes Bauland verwandelt. Eine Goldgrube wird das!"

Mir klappte vor Aufregung fast der Unterkiefer herunter. Was waren das bloß für Halunken, diese Stadtväter!

Schnell lief ich zu meinem Vater hinüber.

„Kannst du mal hier in der Kneipe die Stellung halten?", fragte ich ihn.

Mein Vater war einverstanden. Schnell holte ich mein Rad aus der Garage und fuhr zum Hof von Berta Gieselmann.

Berta war gerade in der Küche, machte Marmelade und Gelee und war ganz überrascht, als sie mich sah.

„Was ist los?", fragte sie verwundert. „Du bist ja ganz rot im Gesicht."

Aufgeregt ließ ich mich auf einen Küchenstuhl fallen.

„Diese Geschichte ist ganz unglaublich", sagte ich und erzählte ihr alles, was ich in der Kneipe mit angehört hatte.

„Das ist wirklich nicht zu fassen", meinte Berta, als ich geendet hatte. „Ich danke dir, dass du mich gewarnt hast. Du bist wirklich eine gute Freundin."

Es vergingen noch ein paar Tage, dann kam tatsächlich der erste Stadtvater bei Berta zu Besuch vorbei. Wie zufällig kam er auf die Ländereien zu sprechen und machte Berta schließlich ein Angebot, sie zu kaufen. Doch Berta tat ihm den Gefallen nicht. Auch als nach und nach die anderen Stadtväter und schließlich sogar der Bürgermeister vorbeikamen, blieb sie hart. Es waren ihre Ländereien und die wollte sie behalten.

Zwei Jahre später wurde die neue Siedlung im Süden tatsächlich erschlossen und Straßen verlegt. Bertas Ländereien wandelten sich vom Wiesengrund in Bauland. Genauso wie sich auch die Ländereien der Stadtväter in Goldgruben verwandelten. Aber so geht es ja oft auf dem Dorf zu.

Immerhin kam nun auch die gute Berta in den Genuss von viel Geld. Sie verkaufte ihr Bauland, später sogar ihren Bauernhof und suchte sich eine schöne Wohnung mitten in der Stadt.

Dass sie mir diesen Geldsegen zu verdanken hatte, hat Berta nie vergessen. Nach wie vor sind wir eng befreundet und wenn es mir in der Kneipe mal alles zu viel wird, sagt sie: „Irmchen, ich glaube, ich muss dich mal wieder nach Mallorca einladen." Und dann fliegen wir gemeinsam auf die Insel und verbringen einen schönen Urlaub miteinander.

Lassen Sie erzählen:

* Gab es in Ihrem Ort auch eine Vetternwirtschaft unter den Stadtvätern?
* Erinnern Sie sich an einen Skandal in Ihrem Heimatort?
* Welchen Bürgermeister schätzten Sie besonders bzw. überhaupt nicht? Warum?
* Waren Sie selbst Mitglied im Stadt- oder Gemeinderat?

Immer dieses Gesindel!

„Immer dieses Gesindel!“ So eröffnete Erich Pöhler fast jede Stammtischrunde, zu der sich die Bauern des Dorfes an jedem Samstagabend einfanden. Wenn das Vieh im Stall, die Geräte in der Scheune und die Sonne untergegangen war, trafen sie sich im Wirtshaus, um ihre Sorgen zu besprechen. Und ihre Sorgen waren groß im Moment. Diese nicht endenden Flüchtlingsströme hatten ihr schönes Dorf in einen

Bahnhof verwandelt. Jede Kammer hatten sie hergeben müssen, um Flüchtlinge dort unterzubringen.

„Und dann diese Bettelei", fluchte Richard. „Jeden Tag stehen sie da und betteln um ein bisschen Brot. Am liebsten schicken sie die kleinen Kinder. Denen jage ich immer gleich unseren Hofhund auf den Hals. Dann ist Ruhe."

Der Wirt schenkte seufzend nach. Aber eigentlich konnte er diese knurrigen Bauern nicht leiden. Sie waren so selbstgefällig. Hatten noch nie Hunger leiden müssen. Auf ihren Höfen gab es alles im Überfluss. Im Krieg waren sie richtig wohlhabend geworden. Was trugen die Menschen in dieser Zeit nicht alles zu den Bauern, um ein paar Lebensmittel zu erbetteln: die schönsten Teppiche, wertvollen Schmuck, kostbare Pelze. Die hatten wirklich ausgesorgt. Und jetzt hatten sie auch noch billige Arbeitskräfte gewonnen. Für die schwere Arbeit auf dem Feld gaben sie ein bisschen Brot oder einen Sack Kartoffeln. Nein, die mussten sich wirklich nicht beklagen! Und trotzdem jammerten sie.

„Gestern habe ich einen erwischt, der mir ein Huhn stehlen wollte", fuhr Erich fort. „Den habe ich mir gepackt und ihm so richtig den Hintern versohlt. Geschrien hat der wie der Teufel. Dann habe ich ihn laufen lassen. Aber noch lieber hätte ich ihm wie bei einem Huhn den Hals umgedreht."

Die anderen nickten zustimmend. So etwas hatten sie alle bereits erlebt. Es wurde geklaut wie nie zuvor. Und daran waren in ihren Augen allein die Flüchtlinge schuld.

Als sich die Bauern auf den Heimweg machten, waren sie ziemlich betrunken.

„Schafft ihr es auch mit dem Heimweg?", fragte der Wirt besorgt.

Erich Pöhler konnte kaum noch stehen. Der hatte so viele Korn wie schon lange nicht mehr getrunken.

„Klar schaffen wir es", lallte er. „Wir sind doch gestandene Mannsbi … Mannsbi …"

„Mannsbilder", ergänzte Richard.

„Na, dann bis nächsten Samstag", sagte der Wirt. „Und vergesst die Sonntagsmesse nicht."

Dann schloss er das Wirtshaus.

Hinter der großen Wegbiegung trennten sich die Männer. Der Toni musste ins Tal hinunter, der Richard nach rechts, der Erich links den Berg hinauf. Sie alle winkten sich noch kurz zum Abschied zu und dann torkelte jeder in seine Richtung.

Erich Pöhler hatte Mühe mit dem Anstieg. Die Straße verlief heute in so vielen Kurven, wie er es noch nie erlebt hatte. Einmal kam er vom Weg ab, hielt sich einen Moment an einem Baum fest und sortierte seine Beine wieder. Dann ging es weiter.

Kurz darauf lag er mitten auf dem Weg. Ob er einen Stein übersehen hatte oder ob er über seine eigenen Beine gestolpert war, konnte er nicht mehr sagen. Er lag jedenfalls da, das Gesicht in den Lehmboden gedrückt und konnte nicht mehr aufstehen. Mühsam versuchte er, seinen Körper hochzustemmen und wenigstens auf die Knie zu kommen, aber es gelang ihm nicht. Ermattet blieb er auf dem Weg liegen und war noch nicht einmal in der Lage, um Hilfe zu rufen.

Unvermutet hörte er Kinderstimmen. Das konnten nur die Flüchtlingskinder sein, die auf seinem Hof lebten. Sie hatten einen Bollerwagen dabei und schienen auf dem Weg ins Dorf zu sein. Als sie ihn sahen, schrien sie laut und liefen auf ihn zu. Ein Mädchen hockte sich neben ihn.

„Habt Ihr Euch wehgetan?“, fragte sie erschrocken. „Soll ich Hilfe rufen?“

Erich stöhnte. „Nein, nein, keine Hilfe. Ich komm nur nicht mehr hoch. Könnt ihr mir auf die Beine helfen?“

Das Mädchen sah die anderen Kinder an.

„Los, fasst mit an!", kommandierte sie.

Die Kinder stellten sich im Halbkreis um ihn. Sie waren alle klein und ziemlich mager. Aber sie gaben sich alle Mühe. Ihre kleinen Hände zerrten an ihm und nach einer Weile schafften sie es tatsächlich, ihn auf die Beine zu stellen.

Erich war immer noch benommen. Er torkelte, versuchte, festen Stand zu bekommen. Dann drohte er erneut, zu fallen. Die Kinder stießen Warnrufe aus und schnell stützen ihn ihre kleinen Hände.

„Schnell, holt den Bollerwagen!", rief das Mädchen.

Und ehe Erich protestieren konnte, hatten sie ihn in den Bollerwagen verfrachtet.

„Wie sieht das denn aus?", rief Erich verzweifelt. „Wollt ihr mich jetzt in dem Bollerwagen zu meinem Hof ziehen? Was sollen denn die anderen über mich denken?"

„Machen Sie sich ganz klein", riet ihm schließlich das Mädchen. Und als Erich widerstrebend seine Arme und Beine eng an den Körper gezogen hatte, legte sie ein paar Kartoffelsäcke über ihn.

„So merkt es niemand", meinte das Mädchen.

Unter Kartoffelsäcken hatte Erich noch nie gesessen. Sie rochen muffig. Der Bollerwagen rollte an und mit vereinten Kräften zogen die Kinder Erich zu seinem Hof zurück. Es war ihm peinlich, wie er so versteckt unter den Kartoffelsäcken saß. Er schämte sich, weil er wieder mal viel zu viel getrunken hatte, und er schämte sich auch, weil er bisher kein gutes Haar an diesen Flüchtlingskindern, gelassen hatte. Denn im Grunde hatten sie alle ein gutes Herz.

Als sie auf dem Hof angekommen waren, halfen ihm die Kinder aus dem Bollerwagen heraus, führten ihn in seine Schlafkammer, stellten ihm noch einen Eimer ans Bett und wickelten ihm ein nasses Tuch um die Stirn. Es tat gut, so liebevoll versorgt zu werden.

Als es Erich am nächsten Tag wieder besser ging, ging er in die Räucherkammer hinüber und schnitt eine große Mettwurst für die Flüchtlingskinder ab. Die machten vielleicht große Augen, als er mit der Wurst in der Hand in ihre Kammer trat.

„Einen schönen Sonntag wünsche ich", sagte er. „Und danke für eure Hilfe." Dann machte auf dem Absatz kehrt und machte sich gut gelaunt an die Arbeit.

Lassen Sie erzählen:

* Gab es in Ihrem Ort auch Flüchtlinge?
* Woher kamen die Flüchtlinge?
* Wo waren sie untergebracht?
* Wie hilfsbereit waren die Menschen in Ihrem Ort?
* Wie ging es den Bauern in Ihrer Gegend?

Die Kirchenchorjugend

Um 20 Uhr war die Probe unseres Kirchenchores Concordia vorbei. Wir standen noch ein Weilchen vor der Kirche herum, hörten zu, wie der Pfarrer uns mahnende Worte für die kommende Woche mit auf den Weg gab und der Bürgermeister uns daran erinnerte, am nächsten Tag wieder pünktlich zur Arbeit zu erscheinen. Dann verbeugten sich die älteren Frauen, lächelten und winkten mit ihren vornehmen Lederhandschuhen und wir jungen Burschen zogen unsere Hüte.

Wir warteten, bis die älteren Herrschaften um die nächste Straßenecke verschwunden waren. Dann eilten wir Jüngeren „Zum Goldenen Engel“ hinüber.

„Ich dachte schon, ihr kommt nicht mehr!“, rief die Wirtin und begann sogleich, Wein in die Gläser zu füllen.

Wir ließen uns an dem großen Tisch in der Ecke nieder und schauten uns um. Das Wirtshaus war fast leer, wie jeden Dienstag. Nur in einer Ecke saß ein älteres Ehepaar.

„Die Luft ist rein!“, rief Peter und setzte sich sofort ans Klavier. Dann haute er in die Tasten. Wir erkannten das Lied sofort.

„Ich bin der König auf meiner Insel“, sangen wir laut. Die Wirtin servierte den Wein und wir prosteten uns zu.

Die Mädels konterten mit dem Schlager „Ich bin von Kopf bis Fuß auf Liebe eingestellt.“

Das brachte uns so richtig in Stimmung. Eduard packte seine Trompete aus und stellte sich neben Peter.

„Ein Freund, ein guter Freund, das ist das Schönste was es gibt auf der Welt“, trällerten wir als Nächstes und begannen, durch das Wirtshaus zu marschieren. Wir gingen in einer Fünferreihe dicht hintereinander, so wie wir das in einem Film bei den Comedian Harmonists gesehen hatten. Dann ging es rückwärts und schließlich im Kreis herum. Immer lauter sangen wir.

Das Ehepaar winkte die Wirtin zu sich heran. Sie zahlten und verließen fluchtartig den Raum. Endlich waren wir allein.

Friedrich stieg auf den Stuhl, dann weiter auf den Tisch. Wir ahnten schon, dass jetzt die zotigsten Schlager kommen würden. Friedrich sang sein Lieblingslied: die Geschichte von Friedrich, der ins Hotel kam und sich in der Tür irrte. Und dann schmetterte er so laut er konnte: „Ich hab' das Fräulein Helen baden seh'n, das war schön ..."

Weiter kam er nicht. Denn plötzlich tönte ein gellender Pfiff durch das Wirtshaus. Friedrich verstummte auf der Stelle. Wir sahen den Pfarrer durch die Tür treten.

Blitzartig setzten wir uns wieder auf unsere Stühle. Nur Friedrich war zu erschrocken, um sich zu bewegen. Er stand mitten auf dem Tisch, die Augen weit aufgerissen und war nicht in der Lage, herunterzusteigen.

Der Erste, der die Fassung wiederfand, war Peter, unser Klavierspieler.

Er schlug erneut in die Tasten und stimmte laut an: „Viel Glück und viel Segen ..." und wir fielen dankbar mit ein.

Der Pfarrer kam langsam näher.

„Hat er Geburtstag?“, fragte er und machte eine Kopfbewegung zu Friedrich hinüber. Wir nickten. Da stimmte der Pfarrer auch noch „Hoch soll er leben“ an.

Als wir fertig waren, verneigte sich Friedrich und kletterte schnell vom Tisch herunter.

Der Pfarrer bemühte sich um ein Lächeln.

„Es gehört sich natürlich nicht, auf dem Tisch zu tanzen“, sagte er streng.

„Natürlich nicht. Entschuldigung“, erwiderte Friedrich schnell.

„Aber wenn man Geburtstag hat, ist man manchmal ein bisschen überdreht“, nickte der Pfarrer. „Du wirst bestimmt gleich einen Lappen holen und den Tisch wieder säubern, nicht wahr, Friedrich?“

„Natürlich“, entgegnete Friedrich und nickte wieder.

Der Pfarrer drehte sich nun zur Wirtin um und flüsterte ihr etwas zu. Sie öffnete eine Schublade und nahm eine Zigarre heraus. Der Pfarrer roch daran, nickte und zahlte. Dann ging er zur Tür.

„Nanu, der Herr Pfarrer wird doch nicht rauchen?“, rief ihm Emmi nach. Emmi war ein vorlautes Mädchen und nicht gerade auf den Mund gefallen. Da drehte sich der Pfarrer noch einmal zu uns um.

„Römer 2, Vers 1“, sagte er. „Wer unter euch ohne Sünde ist, der werfe den ersten Stein.“

Und dann ging er zur Tür hinaus.

Einen Moment lang schwiegen wir. Niemand hatte so recht Lust, weiterzusingen. Schließlich setzte sich Peter wieder ans Klavier und spielte die ersten Takte von „Davon geht die Welt nicht unter" und erleichtert stimmten wir mit ein.

Lassen Sie erzählen:

* Kennen Sie die Lieder, die in der Geschichte erwähnt werden?
* Welche Schlager kennen Sie noch?
* Wer waren die Schlagerstars Ihrer Zeit?
* Wie fanden Ihre Eltern die Musik Ihrer Jugendzeit?
* Welche Schlager hören Sie heute noch gerne?

Karfreitagsliturgie

Die Mitglieder des Kirchenchors der Gemeinde Sankt Johann wirkten bedrückt, als sie sich zum Stammtisch in der Ratswaage niederließen. Selbst Wilfried Fröhlich, der Organist, der – wie der Name schon sagt – eigentlich ein fröhliches Gemüt hatte, machte einen etwas niedergeschlagenen Eindruck. Der Wirt fragte nicht lange, stellte einen großen Krug Bier und einen weiteren Krug Apfelsaft auf den Tisch und verschwand wieder hinter dem Tresen.

„Das wird diesmal nichts mit dem Karfreitagsgottesdienst", murmelte Greta leise. „So schlecht haben wir schon lange nicht mehr gesungen."

„Wieso wir?", verteidigte sich Lieselotte. „Unser Sopran hat die Stimme gut gehalten. Es sind immer die Männerstimmen, die versagen."

„Nicht irgendwelche Männerstimmen, es ist der Tenor, der das nicht hinkriegt", brachte es Greta auf den Punkt.

„Wir wollen jetzt niemanden schuldig sprechen", mahnte der Pastor. „Wir sollten es vielmehr als Zeichen nehmen, noch mal gründlich zu proben. Vielleicht auch mal eine Extraprobe nur mit den Männern einzuschieben."

Die Männer murrten. Es gab noch so viel zu tun vor Ostern. Für viele war es schon schwer genug, einmal die Woche zum Kirchenchor zu kommen. An eine Extraprobe war gar nicht zu denken.

„Wir wissen alle, woran es liegt", seufzte Rudolf. „Der Günther fehlt uns. Wenn er nicht da ist, können wir unsere Stimme nicht halten. Er ist unsere Stütze."

Die anderen nickten.

„Wann kommt er wieder?", fragten sie.

Der Pastor räusperte sich. Er hatte Günther Ziehmann in der vergangenen Woche besucht. Seine Frau hatte Zwillinge bekommen. Es war eine schwere Geburt gewesen und Frau Ziehmann war noch viel zu schwach, den Haushalt und die Kinder zu versorgen. Günther machte die Arbeit im Haus und auf dem Hof allein und versorgte nun auch die Neugeborenen. Die Arbeit ließ ihm keine Zeit für den Chor.

Schweigend tranken die Chormitglieder Bier und Apfelsaft. Jeder hing seinen Gedanken nach.

„Ich kann mir gut vorstellen, wie es ihm geht", unterbrach Egon die Gedanken der anderen. „Er weiß vor Arbeit bestimmt kaum, wo ihm der Kopf steht. Sie haben doch keine Hilfe von den Eltern oder Großeltern."

„Das wusste ich gar nicht", rief Elfriede überrascht. „Wenn es so ist – ich kann ihnen gerne helfen. Meine Kinder sind groß."

Elfriede war immer so hilfsbereit und voller Tatendrang. Sie riss die anderen mit sich.

„Ich will ihnen auch beistehen", bot sich Rudolf an.

„Wenn Not am Mann ist, bin ich auch dabei", meldete sich auch Greta.

Nun schmeckten Apfelsaft und Bier plötzlich gleich viel besser. Und der Wirt strahlte, als sie noch ein paar Brezeln bestellten und schließlich sogar ihre Lieder anstimmten.

Als die drei Chormitglieder auf dem Hof von Günther Ziehmann eintrafen, bot sich ihnen ein jämmerliches Bild. Günthers Frau Gertrud saß in eine Decke gehüllt auf dem Sofa, ein Säugling an ihrer Brust. Der andere Zwilling wurde gerade von Günther gewickelt. Überall standen Sachen herum, Windeln hingen quer durch die Küche und die Kühe standen immer noch im Stall und traten verärgert gegen die Verschläge, weil sie nach draußen wollten. Kein Zweifel – Gertrud und Günther war die Arbeit über den Kopf gewachsen.

„Was macht ihr denn hier?", rief Günther überrascht, als die Dreiergruppe in seiner Küche stand.

„Wir wollen uns mal ein bisschen nützlich machen", erwiderte Elfriede und nahm Günther den kleinen Säugling aus dem Arm. „Kümmere du dich mal um die Kühe, ich versorge eure Kleinen schon."

„Ich übernehme derweil den Haushalt", meinte Grete.

„Und ich helfe im Stall mit", schlug Rudolf vor. „Komm, Günther, zeig mir, was ich zu tun habe."

Als es Abend wurde, sah es im Haus schon viel ordentlicher aus. Die Kinder waren frisch gewickelt und eine kräftige Suppe stand für Gertrud und Günther bereit.

„Morgen kommen wir wieder", erklärte Elfriede fröhlich. „Wir kommen so lange, bis es euch besser geht."

„Wenn ich nur wüsste, wie ich euch danken kann“, murmelte Günther peinlich berührt. „Es tut mir so leid, dass ihr im Chor auf mich verzichten müsst. Gerade jetzt zum Karfreitagskonzert. Kommt der Tenor denn ohne mich zurecht?“

Elfriede, Grete und Rudolf wechselten einen kurzen Blick. Günther verstand sofort.

„Es klappt nicht, oder?“, rief Günther unglücklich. „Aber ich kann doch Gertrud nicht alleine lassen. Sie ist noch so schwach.“

„Doch, doch, es geht schon“, mischte sich Gertrud ein. „Wirklich, Günther. Es wäre gut, wenn du wieder singen gehst.“

„Wie wäre es denn“, fiel Rudolf plötzlich ein, „wenn wir unsere Proben zu dir auf den Hof verlegen?“

„Hierhin? In unsere kleine Küche oder das Wohnzimmer?“ Günther sah ganz unsicher aus.

„Wir können doch in der Scheune singen“, fiel Grete plötzlich ein. „Vielleicht ist es ein bisschen kalt, aber dann singen wir uns eben warm.

Das war in der Tat die beste Idee. In den kommenden Chorstunden trafen sich alle in der Scheune des kleinen Hofes von Günther Ziehmann. Zwischen Traktor und Heuballen standen sie im Halbkreis, vor ihnen der Organist mit seinem Notenständer und der Stimmgabel.

Für Gertrud hatten sie den Lehnstuhl in die Scheune geschoben. Sie saß hier in eine Decke gewickelt, die Zwillinge im Arm. Auch der Hofhund Harras und die Katzen Minka und Bella ließen sich auf den Strohballen nieder, um den mehrstimmigen Liedern zu lauschen.

Als drei Wochen später der Chor in der Kirche zum Konzert auftrat, ging es Gertrud schon so gut, dass sie sich mit den kleinen Babys in der Kirchenbank nieder-lassen konnte. Voller Freude und Dankbarkeit hörte sie dem Kirchenchor mit ihrem Günther zu, wie er „Christe, du Schöpfer aller Welt“ sang.

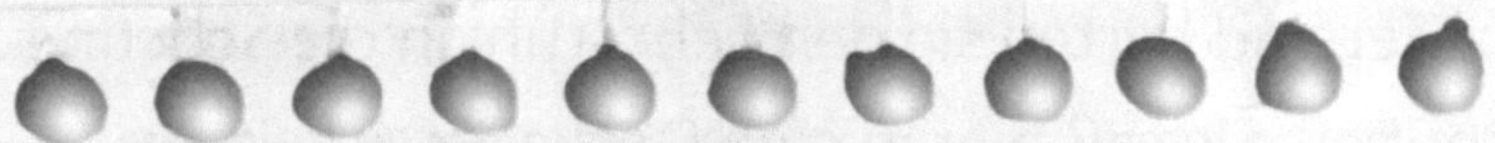

Lassen Sie erzählen:

* Singen Sie gerne?
* Welche Stimme singen Sie?
* Waren Sie Mitglied in einem Chor?
* Welche Lieder haben Sie gerne gesungen?
* Haben Sie Kinder?
* Wie veränderte sich der Alltag nach der Geburt Ihrer Kinder?

In der alten Schule

Seit fast 40 Jahren trafen sich Minna, Trudel, Else und Marianne in ihrer Stammkneipe „Zum Goldenen Ochsen". Sie kannten einander noch aus der gemeinsamen Schulzeit. Und obwohl sie schon so lange befreundet waren, hatten sie sich immer noch viel zu erzählen. Sie redeten über die Geschehnisse in der Stadt, über ihre Familien und über die Weltpolitik. Besonders gerne aber redeten sie über die gemeinsame Schulzeit.

„Wisst ihr noch, der Klose, wie der uns immer im Chemieunterricht schikaniert hat?“, erinnerte sich Marianne mit Grausen an ihren Chemielehrer. „Wenn er schlechte Laune hatte, rief er mich immer an die Tafel.“

Ja, daran erinnerten sich Else, Trude und Minna noch zu gut. Sie hatten es geradezu vor Augen, wie Marianne mit hochrotem Kopf an der Tafel stand und nichts wusste.

„Und dann hat er immer gesagt: Marianne, heiraten Sie bloß. Für eine erfolgreiche Ausbildung sehe ich da schwarz“, fiel Marianne ein.

„Was für eine Frechheit!“, rief Else. Schließlich war Marianne Rechtsanwältin geworden – eine der besten Anwältinnen der Stadt.

„Der war ja nur sauer, weil du ihn nicht mochtest“, behauptete Trude. „Der hat doch gemerkt, wie viele Mädchen damals in ihn verliebt waren. Richtig eingebildet war er.“

„Er war ja auch damals ein richtig fescher Junglehrer, als er an unser Mädchengymnasium kam“, fiel Minna ein.

„Aber hundsgemein war er!“, fügte Marianne verächtlich hinzu. „Er hat so viele Schülerherzen gebrochen. Nicht nur zu mir war er so gemein. Er hat auch Mädchen aus anderen Klassen beleidigt und vorgeführt.“

Die Freundinnen nickten.

„Hoffentlich kriegt er im Himmel die gerechte Strafe dafür“, wünschte ihm Minna.

„Du glaubst doch wohl nicht, dass der in den Himmel gekommen ist!“, rief Marianne.

Die Freundinnen lachten. Dann tranken sie ihren Rotwein und ließen nachdenklich ihre Gedanken schweifen.

„Sein Sohn unterrichtet übrigens jetzt an unserem ehemaligen Mädchengymnasium“, unterbrach Trude das Schweigen. „Der ist auch Chemielehrer geworden. Und er soll die Schüler genauso bloßstellen, wie sein Vater uns damals auch schon blamiert hat.“

„Das ist ja furchtbar!“, riefen alle entsetzt. „Der Apfel fällt eben nicht weit vom Stamm.“

Plötzlich fiel Else etwas ein. „Habt ihr Lust, unserer alten Schule mal einen Besuch abzustatten?“, fragte sie. „Meine Tochter ist doch dort auch Lehrerin. Sie hat natürlich einen Schlüssel für die Schule.“

Nun wurden alle ganz aufgeregt.

„Meinst du, das ginge? Würde sie uns den Schlüssel geben?“, fragten sie.

Else zuckte die Achseln. „Wir müssen sie ja nicht unbedingt fragen“, meinte sie. „Ich weiß, wo sie den Schlüssel aufbewahrt.“

Alle kicherten. Was für eine verrückte Idee! Schnell zahlten sie ihre Getränke und verließen den Goldenen Ochsen.

Eine Stunde später standen sie mit klopfendem Herzen im Schulflur ihrer alten Schule. Im Halbdunkeln tasteten sie sich durch die Treppenhäuser.

„Es riecht noch immer wie früher", meinte Trude.

„Schaut mal, hier war unser alter Klassenraum, als wir in der Oberprima waren", erinnerte sich Else. Sie schloss den Raum auf und die Frauen drängten hinein.

„Dort hinten haben Trude und ich gesessen", fiel Marianne ein. „Und du, Else, saßt immer ganz vorne und hast die Lehrer mit deinen unschuldigen Rehaugen völlig aus dem Konzept gebracht."

Sie kicherten wie kleine Schulmädchen.

„Jetzt will ich noch den Chemieraum sehen", meinte Marianne. „Mal schauen, ob ich die Erinnerungen an die peinlichen Chemiestunden auf diese Weise verarbeiten kann."

Zu viert schlichen sie nun die Treppe hinauf, gingen dann den langen Flur entlang, der zu den naturwissenschaftlichen Räumen führte.

Der Chemieraum lag nach hinten raus, darum traute sich Else, das Licht anzuschalten. Beeindruckt blieben alle in der Tür stehen. Die Stühle und Tische waren neu und so sah der Raum freundlicher aus, als sie ihn in Erinnerung hatte. Aber er roch immer noch nach Schwefelsäure und das hatte einen unangenehmen Nachgeschmack.

„Ja, hier an der Tafel habe ich so manches Mal gestanden", seufzte Marianne.

Trude hatte sich inzwischen an das Lehrerpult gesetzt. „Hier liegt ja noch ein Klassenbuch", bemerkte sie und blätterte in den Seiten herum. „Kasimir Klose, Chemie", steht darauf. Sagt bloß, der Sohn vom Klose heißt auch Kasimir? Kein Wunder, dass der genauso schrecklich ist wie sein Vater."

Nun kamen auch die anderen zu Trude an das Pult und schauten ihr über die Schulter. „Junge, Junge, der vergibt ja keine besonders gute Noten", stellten sie fest. „Hier, guckt euch mal diese Zensuren an. Die beste Note ist eine Drei. Die meisten haben Vieren. Und da, guckt mal, dieses arme Mädchen hier." Trude zeigte auf den Namen einer Schülerin. Hinter ihrem Namen waren zwei Fünfen und eine Sechs zu finden."

„Das wollen wir doch gleich mal verbessern", schlug Marianne vor. Sie griff zu einem Radiergummi, der in einem Gefäß auf dem Pult lag.

Kasimir Klose war so leichtsinnig gewesen, seine Noten mit Bleistift einzutragen. Sofort machte sich Marianne daran, die schlechten Noten auszuradieren.

„Marianne, bist du verrückt? Das ist Urkundenfälschung!“, rief Trude entsetzt.

Marianne lachte. „Quatsch. Das ist einfach ein bisschen Lebenshilfe, mehr nicht.“

Sie schnappte sich einen Bleistift und veränderte die Fünfen und Sechsen in Einsen und Zweien.

„Wenn du diese Noten verbesserst, solltest du diesem Mädchen hier auch ein wenig helfen“, schlug Minna vor und zeigte auf eine weitere Reihe, in der ein anderes Mädchen ebenfalls viele schlechte Noten aufwies.

Zeile für Zeile gingen die Frauen nun das Klassenbuch durch und veränderten die schlechten Noten in gute. Als sie fertig waren, hatten sie richtig gute Laune.

„Da wird sich Klose Junior wundern, warum er auf einmal so gut zensiert hat“, kicherten sie.

Draußen schlug die Turmuhr. Es war Mitternacht.

„Kommt!“, rief Else vergnügt. „Wir sollten noch schnell in den ‚Goldenen Ochsen‘ zurückkehren, bevor er schließt. Ein großes, kühles Weizenbier haben wir jetzt alle verdient.“

Kichernd machten sie sich leise aus dem Staub. Es war schön, die Schule wiedergesehen zu haben. Noch schöner aber war es gewesen, einem Klose eins ausgewischt zu haben und nebenbei noch einigen Schülern aus der Patsche helfen zu können.

Lassen Sie erzählen:

* Erinnern Sie sich noch an Ihre Schulzeit?
* Welchen Lehrer mochten Sie besonders?
* Welcher Lehrer war besonders streng?
* Sind Sie noch mit einigen Schulfreunden in Kontakt?
* Wie heißen Ihre Schulfreunde von damals?
* Was ist aus Ihren Schulkameraden von früher geworden?
* Haben Sie ein Klassentreffen, an dem Sie Ihre Schulkameraden wiedersehen?

Das schwarze Bauernschaf

Wie jeden Donnerstag um acht trafen die Landwirte zum Stammtisch in der Dorfschenke ein: Philipp Trapp, Felix Heitner, Heinrich Eichbaum und Erhard Mitsch winkten dem Wirt schon beim Eintreten zu. Der Wirt verstand, spülte ein großes Glas und zapfte.

„Wo ist Alfons?", wandte sich Philipp Trapp an den Wirt.

„Der kommt heute nicht", erwiderte der Wirt.

„Wie, der kommt heute nicht? Wieso?"

„Ja wisst ihr denn nicht, was heute passiert ist?", begann der Wirt, der jede Neuigkeit als Erster erfuhr.

Nein. Die Landwirte wussten nicht, was passiert war. Es war Erntezeit, da hatten sie alle genug damit zu tun, ihr Heu einzufahren. Da war keine Zeit, sich um den Tratsch im Dorf zu kümmern.

„Der Alfons ist heute überfallen worden", berichtete der Wirt und stellte den Landwirten die Biergläser auf den Tisch.

„Überfallen worden? Von wem? Wer macht denn so was?"

Jetzt redeten sie alle durcheinander. Der Wirt freute sich, die Geschichte noch einmal zum Besten geben zu können:

„Am Nachmittag ist es passiert. Alfons hatte sein Heu frisch geerntet und eine Fuhre davon aufgeladen, um das Heu beim Bauern im Nachbarort zu verkaufen. 95 Mark hatte er dafür bekommen. Als er auf dem Rückweg war, sah er einen Mann am Wegrand liegen. Überall um ihn herum war Blut und so glaubte Alfons, der Mann habe sich schwer verletzt. Er hielt sein Fuhrwerk an, stieg herunter und beugte sich über den Verletzten. Doch der sprang plötzlich auf und zog Alfons mit einem Stock eins über den Kopf. Alfons stürzte in den Graben. Der Unbekannte griff in Alfons Jackentasche, nahm das Geld und machte sich aus dem Staub."

Die Landwirte starrten den Wirt fassungslos an. Einen Überfall in ihrem kleinen Dorf hatte es noch nie gegeben.

„Kannte Alfons den Mann?", wollte Felix Heitner wissen, der als Erstes die Sprache wiedergefunden hatte.

„Das konnte er nicht sagen", berichtete der Wirt. „Der Mann lag mit dem Gesicht nach unten im Graben und dann ging ja alles so schnell. Aber Alfons ist er irgendwie bekannt vorgekommen."

„Und dann?", fragte Erhard Mitsch.

„Alfons hatte natürlich einen ziemlichen Schock", berichtete der Wirt weiter. „Außerdem brummte sein Schädel wie ein Bienenstock. Aber er schaffte es, sich auf sein Fuhrwerk zu setzen und sein Pferd brachte ihn dann sicher nach Hause. Jetzt hat ihm sein Mariechen einen Kühlbeutel auf den Kopf gelegt. Der wird sich schon wieder erholen."

„Der Arme. Was für ein Schrecken", seufzte Heinrich Eichbaum und gab dem Wirt ein Zeichen. „Ich nehme noch ein Bier."

Der Wirt runzelte die Stirn.

„Noch eins? Kannst du das denn bezahlen? Ich habe hier noch einen Deckel von der letzten Woche. Fünf Striche sind da drauf."

Heinrich Eichbaum winkte ab. „Heute zahle ich. Ich habe mein Heu verkauft und es hat endlich mal ordentlich Geld gebracht."

Die Landwirte schwiegen erstaunt. Heinrich Eichbaum hatte nie Geld. Selbst wenn er mal etwas verdient hatte, gab er es in der Regel schnell wieder aus. Das meiste Geld ließ er in der Dorfkneipe.

Plötzlich fiel Erhard Mitsch etwas auf.

„Was ist das denn? Was hast du da an der Hand?", fragte er und drehte Heinrich Eichbaums rechte Hand so, dass alle es sehen konnten. Kein Zweifel, da klebte Blut.

„Ach, hab mich ein bisschen verletzt", winkte Heinrich Eichbaum ab.

„Aber da ist doch gar keine Wunde", bohrte Erhard Mitsch weiter.

„Stimmt." Heinrich Eichbaum lachte und wischte seine Hand an der Hose ab. „Vielleicht kommt es auch vom Schlachten."

Er steckte die Hand in die Hosentasche. Mit der anderen führte er das Glas zum Mund. Seine Hand zitterte.

Die anderen hatten aufgehört, zu trinken. Alle starrten Heinrich Eichbaum mit großen Augen an.

„Wieso guckt ihr so?", versuchte Heinrich Eichbaum, zu scherzen. „Glaubt ihr etwa, ich hätte Alfons überfallen? Traut ihr mir das etwa zu?"

Die anderen schwiegen.

„Woher hast du denn das viele Geld für den Deckel?", bohrte Felix Heitner weiter.

„Ich habe doch schon gesagt, dass ich heute Heu verkauft habe. Ich bin mit meinem Fuhrwerk nach Kleinenberg gefahren ..."

„Ich habe dich aber heute zu Fuß unterwegs gesehen", erinnerte sich Philipp Trapp. „Und zwar auf der Straße zum Nachbardorf. Auf der Straße, auf der auch Alfons überfallen wurde."

„Das ist mir jetzt doch zu blöd!", rief Heinrich Eichbaum und sprang auf. „Wirt, ich will zahlen!"

Nun sprangen auch die anderen Landwirte auf. Geschwind bildeten sie einen engen Kreis um Heinrich Eichbaum.

„Oh nein, mein Freund, du entkommst uns nicht!", rief Philipp Trapp. „Wir wissen genau, dass du es gewesen bist."

„Es klebt nämlich auch Blut an deiner Hose", bemerkte der Wirt.

Heinrich Eichbaum sackte in sich zusammen. Er fiel auf den Stuhl zurück und begann, bitterlich zu weinen. Dicke Tränen tropften in sein Bierglas. Und dann erzählte er, dass er schon lange völlig verschuldet sei und ihm das Wasser bis zum Halse stehen würde.

Die Landwirte verzichteten darauf, die Polizei zu rufen. Schließlich war das ein Fall unter ihresgleichen und den wollten sie auch in ihrem Kreise bereinigen.

Sie schleppten Heinrich Eichbaum zu Alfons, der immer noch mit einer dicken Beule im Bett lag. Heinrich Eichbaum musste dort an Ort und Stelle ein Geständnis ablegen, um Entschuldigung bitten und sich verpflichten, das gestohlene Geld zurückzuzahlen.

Ein Jahr später verkaufte Heinrich Eichbaum seinen Hof und zog zu seinem Bruder nach Süddeutschland. Die anderen Landwirte waren froh, als er den Ort verließ.

Lassen Sie erzählen:

* Gehen Sie auch zum Stamm-tisch?
* Wie heißen Ihre Stammtisch-brüder/-schwestern?
* Wo treffen Sie sich?
* Wie oft treffen Sie sich zum Stammtisch?
* Über welche Dinge unterhalten Sie sich beim Stammtisch?

Ein schlechter Tausch

Eberhard Grünning knallte die Tür „Zum Goldenen Stern" so laut hinter sich zu, dass der Turnerstammtisch zusammenzuckte.

„Ein Bier und einen Klaren!", brüllte er dem Wirt zu. Dann ließ er sich zwischen seine Turnbrüder fallen.

„Himmel, Eberhard, was ist denn in dich gefahren?", fragten seine Freunde erschrocken.

Eberhard antwortete erst, nachdem er den Schnaps mit einem Zug hinuntergekippt hatte.

„Noch einen!“, wies er den Wirt an.

Der Schnaps und seine Wut ließen sein Gesicht erröten.

„Also los, erzähl!“, drängten die Freunde ungeduldig.

„Kennt ihr Heinrich Schmelke, den Pferdehändler?“, wollte Eberhard wissen.

Sein Freund Gerhard verzog entsetzt das Gesicht.

„Himmel, Eberhard, du hast doch wohl kein Pferd bei dem gekauft? Jeder im Ort weiß doch, dass das ein schrecklicher Gauner ist.“

„Ich wusste es nicht“, erklärte Eberhard und kippte den zweiten Schnaps hinunter. „Bis gestern. Da habe ich nämlich einen Haflinger bei ihm gekauft. Für einen Freundschaftspreis, wie der Halunke immer wieder beteuerte. Kaum ist er weg, fängt der Gaul an, zu humpeln. Ich habe den Tierarzt kommen lassen und der meint, das Pferd hat Hufrehe.“

„Also nur noch Schlachthof!“, murmelte Gerhard betroffen.

Ein Pferd mit Hufrehe war weder als Arbeitspferd noch als Kutschpferd zu gebrauchen.

„Und hast du ihm nicht mit einer Anzeige gedroht?“, regte sich ein anderer Turnbruder auf.

Eberhard winkte ab. Gekauft wie besichtigt. So war das beim Pferdehandel. Eberhard hatte dem Pferd eben nur ins Maul geschaut und nicht unter die Hufe.

„Wenn ich diesen Halunken in die Finger kriege, verarbeite ich ihn zu Pferdefleisch und werfe ihn den Schweinen zum Fraß vor!“, knurrte Eberhard böse.

Die anderen nickten. Einige von ihnen waren ebenfalls schon auf den Pferdehändler hereingefallen. Er war wirklich ein geschickter Händler, der mit allen Wassern gewaschen war.

„Wir sollten ihn mal so richtig an der Nase herumführen“, überlegte einer.

„Aber wie?“, fragte Eberhard.

Sie tranken alle noch ein Bier und einen Schnaps, und dann kam ihnen eine hervorragende Idee.

Einen Tag später tauchte Eberhards Freund Gerhard auf dem Gut des Pferdehändlers Schmelke auf und betrachtete die Pferde eingehend.

Der Pferdehändler trat zu ihm.

„Kann ich Ihnen weiterhelfen?“, fragte er und musterte Gerhard aufmerksam.

„Mein Freund hat bei Ihnen ein sagenhaftes Kutschpferd gekauft“, begann Gerhard. „Es läuft vor der Kutsche wunderbar und hat dabei so ausladende Bewegungen – sogar der Graf von Waldhöhe war begeistert. Er hat den Eberhard bedrängt, ihm das Pferd zu überlassen, aber mein Freund wollte nicht. Dabei ist der Graf immer höher und höher im Preis gegangen."

„Tatsächlich?", erwiderte der Pferdehändler überrascht und trat näher an Gerhard heran.

„Nun wollte ich mich selbst bei ihnen umsehen, ob ich ein Pferd günstig erstehen kann, das ich dann an den Grafen weiterverkaufen kann."

Der Pferdehändler Schmelke verzog verärgert das Gesicht.

„Das wäre ja wohl noch schöner", brauste er auf. „Hier etwas billig erstehen und es dann teuer weiterverkaufen. Für solche Geschäfte bin ich nicht zu haben."

„Tja, schade", murmelte Gerhard und verzog das Gesicht. „Aber vielleicht verkauft mir mein Freund Eberhard sein Pferd. Er ist ja eigentlich ein großzügiger Mensch."

Dann zog Gerhard seinen Hut und machte sich von dannen.

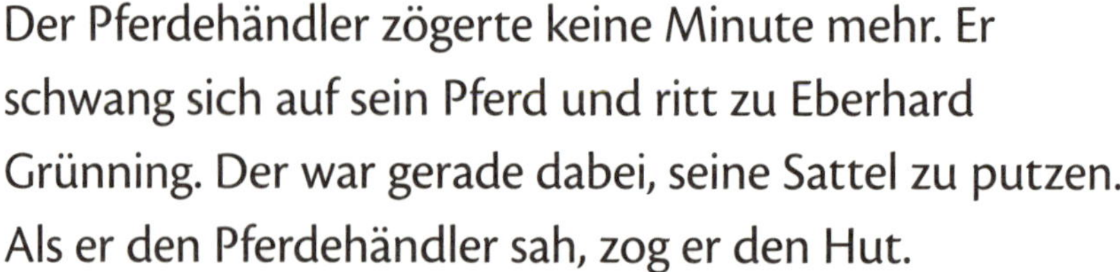

Der Pferdehändler zögerte keine Minute mehr. Er schwang sich auf sein Pferd und ritt zu Eberhard Grünning. Der war gerade dabei, seine Sattel zu putzen. Als er den Pferdehändler sah, zog er den Hut.

„Welch unerwarteter Besuch am frühen Abend."

„Herr Grünning“, begann der Pferdehändler und stieg von seinem Pferd. „Haben Sie den Haflinger noch, den ich Ihnen gestern verkauft habe?“

„Natürlich. Er steht dort hinten im Stall“, nickte Eberhard Grünning. „Ein Prachtbursche ist er. Als ich mit der Kutsche durch das Dorf gefahren bin, haben die Leute vor Staunen angehalten und mich gefragt ...“

Der Pferdehändler wollte den Satz gar nicht zu Ende hören.

„Hören Sie, mir ist ein unglücklicher Fehler unterlaufen“, begann er. „Dieses Pferd gehört eigentlich einem Landwirt aus dem Nachbarort. Er hatte es mir als Pfand überlassen, weil er so verschuldet war. Jetzt kann er aber den Pfand auslösen und will das Pferd zurückhaben.“

Eberhard zuckte die Achseln.

„Verkauft ist verkauft“, sagte er ungerührt. „Wir haben den Kauf per Handschlag besiegelt.“

„Oh Mann, Grünning, seien Sie doch nicht so verbohrt!“, regte sich der Pferdehändler auf. „Sie können gerne ein anderes Pferd haben. Aber dies hier brauche ich zurück, koste es, was es wolle.“

Und es wird schon eine Stange kosten, dachte Eberhard schadenfroh.

Er ließ den Pferdehändler eine Weile zappeln, dann einigte er sich mit ihm auf das Dreifache des ursprünglichen Verkaufspreises. Der Händler gab sich geschlagen.

„Du bist ein Halsabschneider, Eberhard Grünning!", fauchte er den Bauern an.

„Dann habe ich ja das Zeug zum Pferdehändler", erwiderte der lachend.

Wieder wechselte das Pferd den Besitzer. Mit schadenfrohem Gesicht sah Grünning dem Pferdehändler nach, wie er mit dem Haflinger vom Hof ritt. Dann schwang er sich auf ein Pferd aus seinem Stall. So schnell wie möglich wollte er zum Grafen reiten und ihn vor dem Pferdehändler und seinen krummen Geschäften warnen.

„Stellt euch vor, das Dreifache habe ich für diesen kranken Haflinger bekommen", strahlte Eberhard Grünning. „Und der Haflinger steht immer noch beim Pferdehändler Schmelke auf dem Hof.

„Bis jetzt ist er ihn nicht losgeworden", ergänzte Gerhard.

„Das alles habe ich nur euch zu verdanken, meinen lieben Turnbrüdern!", rief Eberhard und winkte den Wirt zu sich herüber. „Herr Wirt, bringen Sie mal eine Runde Bier und Schnaps für diese Herren hier. Sie sind die größten Halunken und die besten Freunde, die man sich denken kann."

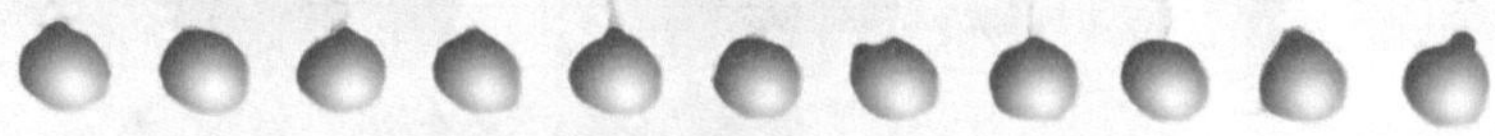

Lassen Sie erzählen:

* Sind Sie auch schon mal bei einem Kauf hereingefallen?
* Verstehen Sie etwas von Pferden?
* Kennen Sie Pferdehändler?
* Hat Ihnen auch schon mal ein Freund aus der Patsche geholfen?

Endlich wieder Schützenfest!

Der Krieg hatte ihren Stammtisch unterbrochen und als sie endlich wieder im Gasthaus Sperling zusammentrafen, war ihre Gruppe um viele Mitglieder geschrumpft. Einige waren im Krieg geblieben, andere noch in Gefangenschaft und wieder andere mussten Tag für Tag schauen, wie sie über die Runden kamen. Zeit für einen Stammtisch der Schützenbrüder war da nicht. Doch Fridolin, Hermann, Gustav und Meinhard wollten sich nicht unterkriegen lassen.

„Hiermit eröffne ich unseren alten Schützenstammtisch wieder!“, rief Hermann und prostete seinen Freunden zu.

„Horrido, horrido, horrido!“, riefen sie und spülten das Bier herunter.

Nun kam auch der Wirt zu ihrem Tisch.

„Redet ihr über das Schützenfest?“, fragte er neugierig. „Ja, das waren noch Zeiten! Wisst ihr noch, als der Willy den Vogel abgeschossen hat und dann die Verlobte seines Bruders zur Schützenkönigin wählte? Das hätte beinahe Mord und Totschlag gegeben.“

„Und wisst ihr noch, wie wir das Schützenhaus erbaut haben?“, erinnerte sich nun Heinrich. „Mit unserem Schweiß und Blut haben wir die Steine aufeinandergesetzt. Fridolin hat den Dachstuhl gesetzt.“

„Und was für eine Feier erst das Richtfest war! Das ganze Dorf war auf den Beinen. Vier Tage und Nächte haben wir durchgefeiert“, schwärmte Meinhard.

Ja, das waren wirklich aufregende Tage gewesen. Tage mit Musik und Tanz, mit Bier und Schnaps. Ganz zu schweigen von den prächtigen Umzügen! Selbst wenn wenig Geld da war, zum Schützenfest hatte es immer ein neues Kleid gegeben. Die Freunde seufzten und dachten wehmütig an die alten Tage.

Plötzlich öffnete sich die Wirtshaustür und Agnes Pechstein trat ein. Die Schützenbrüder grüßten zu ihr hinüber. Ihr Mann Albrecht war viele Jahre Vorsitzender des Vereins gewesen, zweimal hatte er sogar den Vogel abgeschossen und war Schützenkönig geworden. Aber das war lange her. Albrecht Pechstein war verwundet aus dem Krieg zurückgekehrt und ließ sich nur selten im Dorf sehen.

Nun trat Agnes Pechstein an den Tisch der Schützenbrüder.

„Störe ich euch?“, fragte sie.

Die Schützenbrüder schüttelten den Kopf. Natürlich störte sie die Männerrunde, aber das wollte ihr niemand sagen.

„Kann ich mich einen Augenblick zu euch setzen?“

Die Schützenbrüder nickten. Nun waren alle neugierig geworden. Agnes setzte sich zwischen Fridolin und Meinhard, kramte dann in ihrer großen Tasche herum.

„Ich habe gehört, dass ihr euch wieder zum Stammtisch trefft“, sagte sie. „Darum habe ich euch etwas mitgebracht.“

Alle starrten auf die große Blechkiste, die sie aus ihrer Tasche zog. Agnes klappte die Kiste auf. Das Erste, was die Schützenbrüder sahen, war die rot-blau-goldene Vereinsfahne. Ein goldenes Tuch mit blauer Burg und rotem Schlüssel.

„Was ist denn ... woher hast du denn ...", stammelte Meinhard.

„Ich dachte, die Fahne wäre verschwunden?", brachte nun auch Fridolin überrascht heraus.

„War sie ja auch", lächelte Agnes. „Ich habe sie in die Kiste getan und im Garten verbuddelt. Unter den Erdbeeren."

„Unter den Erdbeeren. Das ist gut", murmelte Gustav.

„Ich habe noch mehr", erklärte Agnes. Sie zog die Fahne heraus, legte sie vorsichtig an die Seite und zog dann einen Schatz nach dem anderen aus der Kiste. Da war die Königinnenkrone, die Agnes getragen hatte, da kamen die Schärpe und die Kette zum Vorschein, die ihr Mann als Schützenkönig getragen hatte. Zuletzt zog Agnes die Zielscheibe aus der Kiste, die im letzten Jahr des Schützenfestes auf dem Vogel angebracht war. Die Mitte der Zielscheibe hatte ein Loch. Albrecht Pechstein hatte damals direkt ins Schwarze getroffen.

„Donnerwetter!", riefen die Schützenbrüder beeindruckt. „Das war ein Schuss."

Ein Erinnerungsstück nach dem anderen wanderte durch die Hände der Schützenbrüder und weckte

Erinnerungen an vergangene Zeiten. Sie erinnerten sich an so viele Geschichten. Lustige und fröhliche Geschichten von rauschenden Festen und zünftigen Abenden unter Schüztenbrüdern.

„Ich habe noch ein Anliegen", unterbrach Agnes schließlich die Schützenbrüder. Sie kramte erneut in ihrer Tasche und zog eine Flasche aufgesetzten Schnaps hervor.

„Selbstgemacht", sagte sie, winkte dem Wirt zu und bat um ein paar Gläser. Dann schenkte sie ein. Die Schützenbrüder prosteten sich ein Horrido zu und kippten den Schnaps hinunter. Fast hätten sie vergessen, dass Agnes noch ein Anliegen hatte.

„Was liegt dir denn noch auf dem Herzen?", fragte Fridolin vorsichtig.

„Was haltet ihr davon, wenn wir das Schützenfest wieder aufleben lassen?", schlug Agnes vor. Und als niemand sofort vor Überraschung antwortete, schenkte sie allen noch einmal nach. Allmählich wurden die Zungen lockerer.

„Wie stellst du dir das vor?", fragte Fridolin. „Sollen wir etwa einen neuen Verein gründen?"

„Warum nicht?", erwiderte Agnes.

Zuerst lachten sie alle über Agnes', verrückte Idee, aber nach dem dritten Schnaps erschien ihnen dieser Vorschlag durchaus machbar.

Und so gründeten sie noch am selben Abend den „Neuen Schützenbund".

Das Schützenfest des „Neuen Schützenbunds" war wie immer im Sommer geplant. Diesmal hatten sie so viele Helfer wie noch nie zuvor. Der ganze Ort war auf den Beinen. Jeder Verein, jede Schule und jede Kirche bot ihre Hilfe an. Und endlich war es dann so weit. Das Vogelschießen konnte beginnen.

Meinhard hatte in alter Tradition einen großen Adler gesägt und eine Zielscheibe darauf befestigt. Ein Gewehr hatten sie nicht, aber sie liehen sich eine Armbrust aus dem Nachbardorf. Der Schießmeister lud zum Vogelschießen ein. Drei Schuss kosteten eine Mark. Der Volltreffer berechtigte dazu, Schützenkönig zu werden. Viele Bürger waren gekommen, um ihr Glück zu versuchen. Das bescherte dem Schützenverein gute Einnahmen.

Meinhard schaffte es, den linken Flügel des Adlers herunterzuschießen. Ein anderer Schütze erwischte den rechten Flügel. Aber niemandem gelang es, auf den Rumpf zu zielen.

„Verdammt, jemand hat bestimmt diese Armbrust verhext", schimpfte ein Schütze. „Damit der Schützenverein ordentliche Gewinne macht."

Da ertönte ein lautes Lachen. Die Schützen drehten sich um und sahen Albrecht Pechstein hinter sich stehen. Er sah blass und mager aus, aber er lachte lauthals.

„Du hast gut lachen“, regten sich die Schützen auf. „Mach es doch besser!“

„Darf ich mal?“ Albrecht reichte dem Schießmeister eine Mark, nahm dann einem Schützen die Armbrust aus der Hand. Mit ruhiger Hand legte er an, zielte und schoss. Der Korpus des Adlers wackelte. Noch einmal legte Albrecht an und schoss. Da fiel der Adler unter lautem Gejohle in die Menschenmenge. Albrecht war der neue und alte Schützenkönig! Mit großem Jubel wurden er und seine Schützenkönigin Agnes gefeiert.

Der sich anschließende Festzug lockte zahlreiche Menschen der Umgebung an. Und beim Tanz drohte die Schützenhalle, aus allen Nähten zu platzen.

Das Schönste aber war, dass der Schützenverein neu ins Leben gerufen war und mit ihm auch Albrecht Pechstein zu neuem Tatendrang erwachte.

Lassen Sie erzählen:

* Sind Sie Mitglied in einem Schützenverein?
* Gehen Sie gerne zum Schützenfest?
* Waren Sie mal Schützenkönig/-königin?
* Wo haben Sie zum letzten Mal einen Umzug gesehen?
* Was hat Ihnen besonders am Umzug gefallen?

Der Freddy-Quinn-Club

Marion, Anita, Hanne und ich waren die dicksten Freundinnen. Wir gingen seit der Grundschule in eine Klasse, wir waren zusammen im Konfirmandenunterricht und wir teilten eine große Liebe miteinander, die Liebe zu Freddy Quinn. Jeden Freitagabend, wenn das Wochenende vor der Tür stand, trafen wir uns im Keller bei Marion zu unserem Freddy-Quinn-Abend. Wir klebten Fotos von ihm in ein Album, schrieben seine Liedtexte mit sauberer Handschrift ab und sangen die Lieder später zur Gitarre. Manchmal brachte Anita auch das Grammophon mit und dann spielten wir die Platte „Unter fernen Sternen“ und sangen dabei aus vollem Halse mit.

„Habt ihr schon gelesen?“, berichtete Anita an einem Abend und schlug eine Illustrierte auf. „Hier steht, dass manche Menschen einen Fanclub gründen.“

„Ein Fanclub? Was soll das sein?“, fragten wir verwundert.

„Ein Fanclub ist eine Gruppe, die sich für einen bekannten Star einsetzt. Sie unterstützt ihn, wählt ihn in den Hitparaden, schreibt ihm Briefe, all solche Sachen eben.“

„Und wozu soll das gut sein?“, wollte Hanne wissen.

„Mensch, begreif doch!“, rief Anita ungeduldig. „Wenn Freddy Quinn weiß, dass wir für ihn da sind, dann ... dann ...“

Wir schnappten alle nach Luft. „Meinst du, dann kommt er uns besuchen?“, japste ich.

„Könnte doch sein“, entgegnete Anita fröhlich.

Wir waren total aus dem Häuschen. Die Idee, der berühmte und gut aussehende Freddy Quinn könnte eines Tages vor unserer Kellertür stehen, beflügelte uns.

In den nächsten Wochen waren wir ausschließlich damit beschäftigt, einen Fanclub zu gründen. Wir schrieben an Freddy Quinn und teilten ihm mit, dass wir einen Fanclub gründen würden. Und tatsächlich, er antwortete uns sogar: „Ich freue mich, dass ihr mich unterstützen wollt", schrieb er und dann schickte er uns noch Autogramme. Das war ein Gefühl wie Weihnachten und Ostern zusammmmen. Wir waren einfach nur glücklich.

Jeden Tag unserer Sommerferien verbrachten wir nun in unserem Keller und redeten von unserem Fanclub und Freddy Quinn.

Manchmal steckten mein Bruder und sein Freund Georg die Köpfe zu uns in den Keller.

„Wollt ihr nicht hochkommen und Völkerball mit uns spielen?", drängten sie. „Das Wetter ist so schön."

Aber wir hatten Wichtigeres zu tun.

„Ich weiß nicht, was ihr an diesem affigen Schnulzensänger findet", maulte mein Bruder immer und dann sang er „Brennend heißer Wüstensand" so falsch und laut, dass wir ihn kreischend wieder vor die Tür setzten.

An einem Abend waren Marion, Hanne und ich alleine im Keller. Wir hatten einen dicken Stapel Autogrammkarten von Freddy bekommen. Die wollten wir an andere Fans weiterschicken, die wir ebenfalls kannten. Plötzlich hörten wir, wie es an der Haustür klingelte. Dann polterte jemand die Treppe hinunter.

„Marion?“, hörten wir Georgs Stimme. „Hier will euch jemand besuchen. Ich glaube, es ist …“

Er schwieg einen Moment lang. Wir starrten ihn mit großen Augen an.

„Na … Er!“, flüsterte Georg.

„Freddy Quinn?“, hauchte Hanne.

Georg nickte. Dann öffnete er die Kellertür weit. Ein großer, dunkelhaariger Mann stand in der Tür. Er hatte seine Haare nach hinten gekämmt. Diese dunklen Augen, die kleinen Falten in den Augenwinkeln, die schmalen Lippen, dieser weltmännische Blick … Das war er, kein Zweifel!

Hanne kreischte, Marion gab einen Ton von sich, der wie ein Grunzen klang und ich wäre um ein Haar in Ohnmacht gefallen.

„Guten Abend“, sagte Freddy Quinn und reichte uns die Hand. Er hatte einen warmen, herzlichen Händedruck.

„Ich wollte doch mal meinen neuen Fanclub besuchen.“

Wieder grunzte Marion. Hanne fand als Erste die Sprache wieder. „Freddy!“, hauchte sie. „Das glaube ich nicht.“

„Wie wundervoll, dass Sie uns besuchen kommen“, brachte ich endlich heraus.

Freddy Quinn stand jetzt ganz dicht vor mir.

„Du kannst ruhig du zu mir sagen“, flüsterte er in mein Ohr. Da wäre ich beinahe noch einmal zusammengebrochen.

Plötzlich hörten wir wieder ein Poltern auf der Treppe.

„Das ist Anita!“, rief Marion. „Sie gehört auch zu unserem Fanclub. Oh, sie wird sich so freuen, dass du gekommen bist!“

Freddy Quinn biss sich auf die Lippen. Unsicher schaute er zu Georg hinüber.

Da wurde die Tür auch schon aufgerissen und Anita trat ein.

„Sagt mal, ist mein Cousin Bertold hier?“, fragte sie atemlos. „Sein Fahrrad steht vor der Tür ...“ Sie drehte sich zu Freddy Quinn um. „Was machst du denn hier? Und wie siehst du aus?“

Wir starrten nun von einem zum anderen. Freddy Quinn sah jetzt irgendwie verlegen aus.

„Tja, dann geh ich wohl mal wieder“, murmelte er.

Nun fasste ihn Marion fest an den Arm. „Du bist also ... also ...“

„Wir dachten, er ist...“, versuchte ich, Anita zu erklären.

Die lachte schallend. „Freddy Quinn?“, vollendete sie

den Satz. „Oh Kinder, das glaube ich jetzt nicht. Das ist mein Cousin Bertold. Nie im Leben kann der unserem Freddy Quinn das Wasser reichen!"

Nun lachten Georg und Bertold schallend.

„Hätte aber beinahe geklappt", sagten sie.

Und beim Hinausgehen sangen sie noch: „Junge, komm bald wieder."

Kurze Zeit später lösten wir unseren Fanclub wieder auf. Es machte doch mehr Spaß, mit den Jungs Völkerball zu spielen.

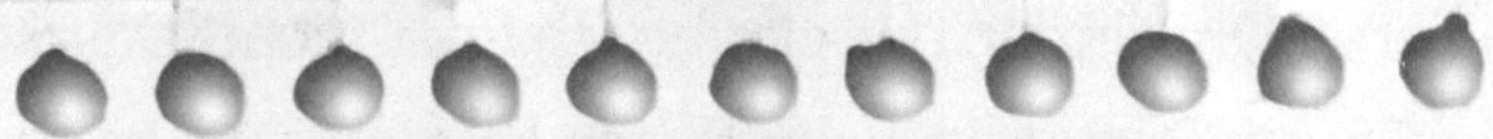

Lassen Sie erzählen:

* Mögen Sie Freddy Quinn?
* Welche Lieder von Freddy Quinn kennen Sie?
* Für welchen Schlagerstar schwärmten Sie?
* Welche Schallplatten besitzen Sie?
* Welche Schlager hören Sie gerne?

Der Enkeltrick

Seit Ruprecht, Anneli und Steffen in Rente waren, trafen sie sich immer am frühen Montagabend im Kreuzkrug, um miteinander Skat zu spielen. Auf diesen Abend freuten sie sich immer schon die ganze Woche über.

Ruprecht mischte die Karten, stülpte sie ineinander und mischte neu. Dann teilte er aus.

Steffen breitete seine Karten fächerartig in der Hand aus und betrachtete sie aufmerksam. Er hatte ein paar gute Trümpfe in der Hand. Also reizte er hoch und bekam das Spiel.

„Ich fange an, oder?“, fragte Steffen in die Runde. Die anderen nickten. Er legte ein Karo-Ass auf den Tisch.

„Nicht schlecht“, meinte Anneli und warf eine Karo 9 darauf. Doch Ruprecht überstach mit einem Pik-Buben.

„Hast du schon wieder so ein gutes Blatt, Ruprecht?“, schimpfte Anneli. „Mit dir sollte ich nicht mehr spielen.“

Aber das meinte sie natürlich nicht ernst. Dazu spielte sie viel zu gerne Skat. Und noch viel lieber mochte sie ihre beiden Freunde.

Plötzlich öffnete sich die Tür der Kneipe. Else Hagemeister, Annelis Nachbarin, trat ein. Mit eingezogenen Schultern sah sie sich um. Schließlich setzte sie sich an einen Platz am Fenster. Sie wirkte unruhig und nervös. Die ganze Zeit über hielt sie ihre Handtasche umklammert.

Der Wirt ging auf sie zu.

„Bitteschön?“

„Ich nehme ein Wasser“, sagte Else schnell. Dann schaute sie wieder aus dem Fenster.

Ruprecht warf eine Pik 7 auf den Tisch. Steffen übernahm mit Pik-König. Anneli warf eine Herz 9 ab. Steffen gehörte der Stich.

Anneli spürte, dass sie sich nicht mehr konzentrieren konnte. Was machte Else hier? Sie hatte sie noch nie in dieser Dorfkneipe gesehen. Und warum war sie so unruhig?

„Else?“, rief sie schließlich zum Nachbartisch hinüber. „Wartest du auf jemanden? Du bist so ... so ...“

Else sah mit weit aufgerissenen Augen zu den Skatspielern hinüber.

„Denkt euch nur, dem Jonas ist etwas passiert!“, rief sie. „Er hatte einen Unfall.“

„Dein Enkel Jonas?“, fragte Anneli und kam nun zu Else hinüber. „Was ist ihm denn passiert?“

„Ich weiß auch nicht genau“, schluchzte Else. „Irgendein Unfall. Er braucht ganz dringend Geld. Darum kommt gleich sein Freund vorbei und leiht sich das Geld von mir aus.“

„Willst du damit sagen, du hast das Geld in deiner Tasche?“, fragte Anneli beunruhigt.

Else nickte. „Er braucht es sofort. In bar. 20 000!“

„20 000?“, schrien Anneli, Ruprecht und Steffen nun wie aus einem Munde. Dann sagte niemand mehr ein Wort. Schließlich räusperte sich Ruprecht.

„Mir kommt die Geschichte komisch vor“, sagte er. „Bist du auch sicher, dass sie stimmt?“

„Hast du mit deinem Enkel geredet?“, bohrte Anneli weiter.

Nein, das hatte Else nicht. Sie war von einem Mann angerufen worden. Der hatte erzählt, dass Jonas in einen Unfall verwickelt war und ganz dringend diese hohe Summe Geld benötige. Und weil er nicht selbst kommen konnte, wollte der Mann das Geld für ihn abholen.

„Das stinkt doch drei Meilen gegen den Wind", regte sich Steffen auf. Er war ehemaliger Polizist. „In der Zeitung warnen sie gerade genau vor solchen Tricks."

Anneli nickte. „Den Enkeltrick nennen sie das."

„Aber der Mann kannte Jonas doch!", rief Else verzweifelt. Sie schien richtig in Panik zu geraten.

„Hat er den Namen genannt oder hast du ihn verraten?", wollte Ruprecht wissen.

Else dachte nach.

„Wenn ich es mir genau überlege, hat der Mann immer nur von meinem Enkel geredet", sagte sie schließlich. „Dann habe ich ihn gefragt, ob er Jonas meint, und dann sagte er: Ja genau, der Jonas."

„Das ist ein gemeiner Trick, glaub es uns", versuchte Steffen, Else zu überzeugen. „Gleich kommt ein Mann vorbei, nimmt dir das Geld ab und weg ist es. Und Jonas hat von der ganzen Sache nichts gewusst."

„Und einen Unfall hatte er auch nicht", fügte Anneli hinzu.

Else war nun völlig durcheinander.

„Aber was mache ich denn jetzt?", fragte sie ängstlich. „In zehn Minuten will er hier sein."

„Zuerst mal gibst du uns deine Tasche", schlug Steffen vor. „Wenn du das Geld nicht bei dir hast, bist du nicht in Gefahr." Er zog sein Handy aus der Tasche. „Außerdem rufen wir die Polizei. Sie soll sich diesen Mann mal genauer anschauen." Unter den staunenden Blicken seiner Mitspieler tippte Steffen auf seinem Handy herum und gab alle Informationen an die Polizei weiter. Dann drückte er das Gespräch weg und sah seine Freunde an.

„In fünf Minuten sind sie hier", erklärte er. „Sie überlassen es uns, mit dem Mann zu reden. Und wenn er die Kneipe verlässt, schnappen sie ihn."

Nun waren alle ganz aufgeregt. Else gab Ruprecht ihre Tasche. Die Skatrunde setzte sich wieder an den Tisch. Kaum hatten sie ihre Position eingenommen, meldete Else vom Fenster: „Er kommt!"

Jetzt klopfte allen das Herz bis zum Halse.

Mit einem Ruck wurde die Tür aufgerissen und ein junger Mann trat in die Wirtsstube. Er sah sich hektisch um, steuerte dann den Tisch an, an dem Else saß.

„Else Hagemeister?", fragte er.

Else nickte. Der Mann machte keine Anstalten, sich zu setzen. Er hatte es wohl eilig. „Haben Sie das Geld?", fragte er.

Nun umstellten ihn die Skatfreunde.

„Woher kennen Sie den Janosch eigentlich?", fragte ihn Steffen.

„Janosch? Ist mein bester Freund", murmelte der Mann. „Wir waren zusammen auf der Schule."

Er schien plötzlich auf der Lauer zu sein.

„Janosch Hagemeier?", fragte Steffen weiter.

Der Mann nickte. „Haben Sie jetzt das Geld?", wollte er von Else wissen.

„Der Enkel heißt aber gar nicht Janosch, sondern Jonas", fuhr Steffen fort. „Und sein Nachname ist nicht Hagemeier, sondern Hagemeister. In welcher Schule waren Sie denn zusammen?"

Der Mann spürte, dass etwas nicht in Ordnung war.

„Kriege ich jetzt das Geld?", wandte er sich an Else. Sein Gesicht kam Else verdammt nahe und seine Augen funkelten.

„Hehe, nicht so unhöflich, junger Mann", rief Ruprecht. „Wir wollen ja nur wissen, auf welcher Schule Sie mit Jonas waren. Es kann nämlich sein, dass diese Geldmasche nur ein blöder Trick ist. Darum wollen wir uns absichern. Das müssen Sie doch verstehen, oder?"

Doch der junge Mann hatte plötzlich gar kein Verständnis mehr. Er schubste Ruprecht zur Seite und stürzte zur Tür.

„Nicht so hektisch, junger Mann", rief ihm Anneli nach. „Sie kommen sowieso nicht weit."

Aber das hörte der Mann gar nicht mehr. Er riss die Tür auf und rannte aus der Kneipe. Draußen hörte man Autotüren schlagen und Schritte knirschten im Kies auf dem Parkplatz.

„Sie haben ihn", freute sich Else und konnte ihren Blick nicht vom Fenster abwenden.

„Lass mich auch mal gucken", drängelte Anneli. Nun bauten sich alle vor dem Fenster auf und verfolgten, wie der junge Mann von der Polizei aufgehalten wurde. Er musste seine Hände auf den Polizeiwagen legen. Dann wurden seine Taschen durchsucht.

In der Zwischenzeit stellte die Polizei einen weiteren Mann, der in einiger Entfernung auf seinen Kumpanen wartete.

Als sich die Freunde in der folgenden Woche zum Skatspiel trafen, brachte Ruprecht die Tageszeitung mit.

„Habt ihr schon gelesen?", fragte er strahlend. „Skatrunde stellte Trickbetrüger", lautete die Schlagzeile. Und dann folgte ein Bericht über Else, den unbekannten Mann und die drei tatkräftigen Freunde am Nachbartisch.

Lassen Sie erzählen:

* Spielen Sie Skat?
* Mit wem spielen Sie Skat?
* Welche Karten- oder Gesellschaftsspiele mögen Sie?
* Sind Sie schon mal auf einen Betrüger hereingefallen?
* Was ist passiert?

Der Freundschaftsdienst

Die Frauenhilfe der St. Johann-Kirche traf sich jeden Mittwochabend im Gemeindehaus, um für einen wohltätigen Zweck zu stricken, zu häkeln und zu basteln. In vier Wochen stand der Wohltätigkeitsbasar an. Da wollten sie ihre Handarbeiten verkaufen und das Geld für einen guten Zweck spenden.

Auch jetzt saßen sie wieder in gemütlicher Runde zusammen, strickten Strümpfe, Schals und Mützen und unterhielten sich dabei.

„Wo bleibt Henriette heute?", wunderte sich Lieselotte und schaute auf die Uhr. Es war schon zehn nach sieben. Henriette Kaiser war eigentlich immer als Erste im Gemeindehaus. Sie war auch die Fleißigste in der Frauenrunde. Bestimmt die Hälfte aller Stricksachen hatte sie angefertigt. Obwohl sie den ganzen Tag in ihrem Schuhgeschäft arbeitete, setzte sie sich jeden Abend noch vor den Fernseher und strickte.

Auch die anderen schauten auf die Uhr. Dass Henriette nicht erschien, war wirklich ungewöhnlich. Im Grunde war es noch nie vorgekommen.

Plötzlich öffnete sich die Tür zum Gemeindehaus und der Pastor erschien im Raum. Alle sahen verwundert von ihrer Arbeit auf.

„Herr Pastor, guten Abend", riefen sie.

Der Pastor grüßte zurück, setzte sich dann zwischen die strickenden Frauen.

„Leider muss ich Ihnen eine traurige Mitteilung machen", berichtete er. „Henriette Kaiser ist heute verunglückt. Sie ist beim Fensterputzen von der Leiter gestürzt."

Die Frauen schrien erschrocken auf.

„Was ist ihr passiert?" „Ist sie im Krankenhaus?"

Der Pastor nickte traurig.

„Sie hat noch Glück im Unglück gehabt", berichtete er. „Sie hat sich zwei Rippen gebrochen. Aber sie muss bestimmt zwei Wochen im Krankenhaus bleiben und sich ausruhen. Und danach wird sie noch eine Weile zu Hause bleiben müssen."

„Die Ärmste", riefen die Frauen im Chor. Sie wussten, wie schwer es Henriette fiel, im Bett zu bleiben.

„Was wird denn aus ihrem Schuhgeschäft?", fragte Lieselotte erschrocken.

„Das wird erst einmal geschlossen bleiben", erklärte der Pastor.

Als der Pastor gegangen war, redeten die Frauen wild durcheinander. Dass ausgerechnet einem liebenswerten Menschen wie Henriette so ein Unglück passieren musste. Sie war immer für andere da gewesen. Nun lag sie im Krankenhaus und brauchte selbst Hilfe.

„Die arme Henriette. Jetzt muss sie auch noch ihr Schuhgeschäft schließen, solange sie krank ist", rief Silke. „Sie muss doch sowieso mit jedem Pfennig rechnen."

Nun wurde es ganz still. Jeder dachte nach.

„Ich habe den Schlüssel zu ihrem Laden", fiel Lieselotte plötzlich ein. „Vielleicht können wir uns …"

Weiter kam sie nicht, denn nun fielen sich alle aufgeregt ins Wort.

„Wir könnten den Laden übernehmen", schlug Bernadette vor.

„Ich wollte sowieso immer Verkäuferin werden", rief Silke.

An diesem Tag strickten sie nicht mehr. Sie arbeitete einen genauen Plan aus. Montag, Dienstag und Mittwoch wollten Hannelore und Bernadette den Laden übernehmen, am Donnerstag, Freitag und Samstag wollten sich Silke und Lieselotte um die Kunden kümmern. Außerdem musste die Buchführung gemacht werden. Dafür war Anna zuständig. Nachdem sie den Plan gemacht hatten, waren alle guter Dinge. Das würden zwei spannende Wochen werden. Endlich konnten sie Henriette auch einmal etwas Gutes tun.

Als Hannelore und Bernadette einen Tag später das Schuhgeschäft öffneten, waren sie sehr aufgeregt. Sie schauten sich die Schuhe genau an und versuchten, die Ordnung zu verstehen. Vorne im Ladenraum waren die Damenschuhe, hinten die Herrenschuhe und in der Ecke die Kinderschuhe. Im oberen Stockwerk gab es Sport- und Wanderschuhe.

Als die Ladenglocke ging, rannten Hannelore und Bernadette aufgeregt zur Tür. Es war ihre Freundin Lieselotte aus der Frauenhilfe.

„Ich brauche ein paar neue Frühjahrsschuhe", sagte sie lächelnd und setzte sich auf einen der Stühle. Natürlich war sie nicht nur gekommen, um Schuhe zu kaufen. Sie wollte auch wissen, wie es lief und wie sich ihre Freundinnen als Schuhverkäuferinnen so machten. Lieselotte zu bedienen, war eine gute Übung. Denn Hannelore kam erst mit dem Schuhanzieher nicht zurecht und wusste auch nicht, wie man die Größen ausmisst.

Kaum hatte Lieselotte das Geschäft mit einem Schuhpaket unterm Arm verlassen, betrat der nächste Kunde den Laden. Dann kamen zwei weitere und schließlich eine ganze Großfamilie. Hannelore schwitzte vor Aufregung aus allen Poren und Bernadettes Gesicht hatte rote Flecken bekommen. Doch als es schließlich 18 Uhr war und sie den Laden abgeschlossen hatten, hatten sie eine gute Tageseinnahme in der Kasse.

Zwei Wochen lang lief nun der Schuhverkauf weiter und die Freundinnen entwickelten sich zu richtig guten

Verkäuferinnen. Besonders Silke lief zur Höchstform auf. Sie hatte ja immer schon Verkäuferin werden wollen. Nun zeigte sie allen, wie geschickt sie darin war, die Kunden gut zu beraten.

Am Samstag war so viel zu tun, dass alle Freundinnen im Geschäft mithalfen. Und obwohl Hannelore die ganze Zeit an der Kasse stand und Bernadette nur damit beschäftigt war, die Schuhe vom Lager zu holen, gab es immer noch Kunden, die nicht bedient wurden. Es schien sich in der kleinen Stadt herumgesprochen zu haben, dass die Besitzerin im Krankenhaus lag und ihre Freundinnen für sie die Arbeit übernommen hatten. Viele kamen einfach aus Neugier und manche auch, um selbst mit einem Schuhkauf zur Hilfe beizutragen.

Die Freundinnen waren so mit der Arbeit beschäftigt, dass sie nicht bemerkten, wie ein Taxi vor dem Geschäft vorfuhr. Henriette war aus dem Krankenhaus entlassen worden und ihr erster Weg hatte sie in ihr Geschäft geführt. Sie war verwundert, als die Ladentür offen stand. Erschrocken fasste sie ihren Koffer fester und trat durch die Tür. Die Glocke bimmelte, aber niemand sah auf. Alle Freundinnen waren viel zu sehr mit den Kunden beschäftigt.

Henriette stand einen Moment in der Tür und schaute sich das Treiben an. Das ist doch ein Traum, dachte sie.

„Bitteschön, kann ich Ihnen helf...“, wandte sich Lieselotte an Henriette. Dann lachte sie laut. „Henriette!“, rief sie erfreut. „Du bist wieder da!“, und schloss ihre Freundin in die Arme.

Nun kamen auch die anderen Freundinnen angelaufen.

„Henriette? Warum hast du denn nicht gesagt, dass du heute entlassen wirst?“, riefen sie und umringten ihre Freundin.

„Was macht ihr denn hier?“, stammelte Henriette völlig verwirrt. „Wieso ist der Laden auf und was machen die Kunden hier? Und wieso...“ Sie sah von einem zum anderen und konnte es kaum fassen.

„Es war Lieselottes Idee“, erzählte Bernadette schließlich. „Wir haben überlegt, wie wir dir helfen können. Da kam uns die Idee, deinen Laden weiterzuführen, solange du im Krankenhaus bist.“

„Das gibt es doch nicht“, staunte Henriette. Sie ließ sich erschöpft auf einen Stuhl fallen. Immer noch sah sie ziemlich blass aus. „Dabei habe ich mir so große Sorgen gemacht, was aus meinem Laden wird. Ich bin doch so auf die Einnahmen angewiesen.“ Sie konnte nicht verhindern, dass ihr eine Träne über die Wange lief. „Danke, ihr Lieben“, schluchzte sie. „Ihr habt mir so geholfen.“

„Wir sind noch nicht damit fertig“, gab Lieselotte zurück. „Du siehst nämlich noch aus wie Käse, Milch und

Spucke an der Wand. Ab mit dir ins Bett. Wir werden das Kind schon noch eine Weile schaukeln, was?“

Die anderen nickten.

„Aber das geht doch nicht“, versuchte Henriette, zu protestieren.

„Wenn du etwas tun willst, setz dich vor den Ofen und strick noch ein paar Strümpfe für den Wohltätigkeitsbasar. Wir kommen hier im Geschäft auch ohne dich zurecht.“

„Jedenfalls für die nächste Zeit“, fügte Silke hinzu.

Zum Wohltätigkeitsbasar, der eine Woche später stattfand, kamen viele Leute und kauften die Strick- und Häkelsachen, die die Frauen angefertigt hatten. Am Ende war eine ganz schöne Summe zusammengekommen. Das war aber nicht das Wichtigste. Das Wichtigste war, dass die Freundinnen wussten, sie würden sich helfen, wenn eine von ihnen in Not war.

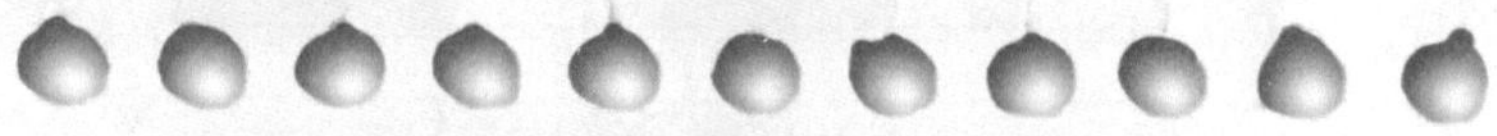

Lassen Sie erzählen:

* Gibt es in Ihrer Kirche auch eine Frauenhilfe?
* Sind Sie Mitglied in einem Verband?
* Welche Handarbeiten machen Sie gerne?
* Haben Sie auch schon einmal einen Basar organisiert?
* Wem haben Sie schon einmal einen Freundschaftsdienst erwiesen?

Verbotenes Spiel

Sonntags nach der Kirche trafen sich die Bauern des Dorfes regelmäßig im Dorfkrug zum Stammtisch. Frauen und Männer saßen dort in gemütlicher Runde beieinander. In der Regel waren es die Frauen, die die Runde als erstes wieder verließen. Das Mittagessen musste schließlich auf den Tisch kommen. Die Männer saßen noch eine Weile zusammen, tranken Bier und Rübensaft und machten sich, wenn die Kirchturmuhr zu Mittag schlug, auf den

Heimweg. Je nachdem, wie viel sie getrunken hatten, drehten sie die eine oder andere Schleife, bis sie dann schließlich zum Mittagessen zu Hause ankamen.

Auch an diesem Sonntag war es so. Die Männer konnten es kaum abwarten, bis die Frauen sich auf den Weg zurück nach Hause machten. Dann wurden die Stimmen leiser.

„Weiß jemand, wie es August geht?“, fragte Friedhelm.

Die beiden anderen Bauern zuckten die Schultern.

„Sie sagen, der sitzt immer noch in der Zelle.“

Die Bauern sahen nun sehr niedergeschlagen aus.

„Wir hätten ihn nicht mitnehmen sollen“, flüsterte Ernst. „Wir konnten uns doch denken, dass es Ärger gibt.“

„Aber er hat uns nicht verraten“, flüsterte Werner.

„Wir ihn auch nicht“, zischte Friedhelm.

Es hatte alles damit angefangen, dass August beim Stammtisch gejammert hatte. Er konnte sein Maisbrot und Rübenkraut nicht mehr sehen.

„Ich will endlich mal wieder einen Schinken und Mettwurst zum Frühstück haben, Donnerwetter noch mal“, hatte er immer gesagt.

Schinken und Mettwurst, darauf hatten wohl alle Hunger.

„Könnt ihr nicht eins eurer Ferkel beiseiteschaffen?“, schlug August vor.

August hatte auf seinem Bauernhof die Schweine und Kühe abgeschafft, lebte seitdem von der Pferdewirtschaft. Und so ein Pferd ließ sich nicht so einfach beiseiteschaffen.

„Ich könnte vielleicht …“, begannt Friedhelm schließlich. „Die Rose ist schon eine alte Sau. Die kann ich sowieso nicht mehr lange zum Züchten gebrauchen. Wir sollten sie schlachten und dann erzählen wir, sie wäre uns gestohlen worden.“

Die anderen stimmten begeistert zu. Sie verabredeten sich für die nächste Nacht auf Ernsts Hof zum Schwarzschlachten. Ernst lebte allein und so war man hier ungestört.

Tags darauf in der Nacht trafen sich die Bauern in der Waschküche auf Ernsts Hof. Werner, August und Friedhelm schleppten einen Sack auf dem Rücken, darin ein quiekendes Schwein.

„Also, los, August, zeig was du kannst!“, forderten ihn nun die Freunde auf und reichten August eine Axt.

August ergriff die Axt. Doch als die anderen das Schwein losließen, rannte es panisch quiekend durch die Waschküche. August hob die Axt und schlug zu. Er traf das arme Schwein mit der stumpfen Seite mitten auf den Schädel. Doch richtig betäubt, schien es nicht zu sein. Im Gegenteil. Das Schwein quiekte noch lauter, rannte dann schnurstracks auf August zu. Mit einem Satz rettete sich August auf den Waschkessel. Ernst und Friedhelm sprangen auf die Fensterbank. Werner hechtete auf einen Tisch. Von ihrer sicheren Position heraus beobachteten sie, wie das Schwein kreischend hin und her rannte. Werner gelang es, das große Schlachtmesser zu fassen zu bekommen. Vom Tisch aus stürzte er sich auf das arme Schwein und erlegte es mit einem gezielten Hieb. Schnell schabten sie Borsten und Haare ab, nahmen das Schwein aus und zerlegten es. Dann teilten sie es untereinander auf. Ernst machte sich sofort daran, die Fleischstücke aufzuhängen. August, Werner und Friedhelm packten sich ihre Beute in einen Rucksack und machten sich auf den Weg nach Hause.

August war fast zu Hause angekommen, da sah er in einem dunklen Hauseingang einen Mann stehen. Geistesgegenwärtig nahm August den Rucksack ab und schob ihn unter einen Strauch. Da trat der Mann auch schon auf ihn zu. Im Dunkeln erkannte August, dass es der Dorfpolizist war.

„Hehe, stehengeblieben. Was machen Sie hier in der Dunkelheit?", fragte der Polizist.

August blieb stehen. Sein Herz klopfte.

„Ich konnte nicht schlafen. Darum war ich noch ein bisschen spazieren", log er.

Doch der Polizist ließ sich nicht so einfach täuschen.

„Hatten Sie nicht eben noch einen Rucksack bei sich?", fragte er.

„Einen Rucksack? Aber nein!", behauptete August.

Der Polizist glaubte ihm kein Wort, konnte aber in der Dunkelheit auch keinen Rucksack entdecken.

„Mitkommen! Auf die Wache!", ordnete er an.

So blieb August nichts anderes übrig, als mit auf die Wache zu kommen.

„Woher stammt das Blut an Ihrer Hose?", wollte der Polizist wissen. August erlog in der Schnelle irgendeine Geschichte, bei der er sich verletzt hatte. Einen Beweis für eine Verletzung konnte August allerdings nicht liefern. Doch ohne einen konkreten Verdacht, konnte der Polizist August nicht festhalten und ließ ihn schließlich wieder laufen.

Am nächsten Tag machte sich der Dorfpolizist am frühen Morgen auf die Suche nach einem Rucksack in der

Nähe des Strauches. Und er fand ihn auch, mitsamt der köstlichen Schweinehälfte darin. Schnurstracks machte er sich auf den Weg zu August auf den Hof.

„Geben Sie zu, dass Sie ein Schwein schwarz geschlachtet haben!", bedrängte der Dorfpolizist August nun. „Wo sind die anderen Schweinehälften? Mit wem haben Sie zusammengearbeitet?"

Aber August verriet nichts. Er blieb bei der Aussage, dass der Rucksack nicht ihm gehöre. Und der Polizist konnte ihm nichts Gegenteiliges nachweisen.

„Später hat die Polizei auf einigen Höfen Inspektion gemacht", flüsterte Ernst. „Sie waren auf dem Erlenhof und auf dem Spechtshof. Auch bei uns haben sie vorbeigeschaut. Aber ich habe die Waschküche gründlich sauber gemacht. Und die eingemachte Wurst habe ich unter dem Stroh versteckt."

Die anderen Bauern nickten. Es war schon öfter vorgekommen, dass die Polizei einfach die Wurst beschlagnahmte. Und dann konnte sich ja jeder denken, dass sie die nicht weitergaben, sondern selbst verzehrten.

Plötzlich öffnete sich die Tür und August trat ein.

„August!", riefen Ernst, Friedhelm und Werner wie aus einem Munde.

August winkte ihnen zu. Er sah noch etwas mitgenommen aus. Aber er lächelte, als er sich zu seinen Freunden setzte.

„Stellt euch vor, die haben mich doch zwei Tage in der Zelle sitzen lassen", berichtete er. „Die haben behauptet, ich hätte mit irgendwelchen Kollegen ein Schwein schwarz geschlachtet."

„Das gibt`s doch gar nicht", entgegnete Friedhelm und zwinkerte dabei. „Weiß doch jeder, dass du immer nur Maisbrot und Rübenkraut isst."

Sie winkten dem Wirt und der schenkte noch einen Schnaps für alle ein.

„Danke, dass du uns nicht verraten hast, August", flüsterten ihm Ernst und Werner zu.

„Ehrensache. Das hättet ihr doch auch nicht getan", meinte August. „Und wenn ihr noch ein kleines Stückchen Wurst übrig habt, würde ich mich sehr freuen."

Das hatten sie natürlich. Es war selbstverständlich, dass sie ihm von ihren Würsten etwas abgaben, wo doch seine gute Schweinehälfte bei der Polizei lagern musste.

Lassen Sie erzählen:

* Wurde bei Ihnen früher auch zu Hause geschlachtet?
* Welche Tiere hatten Sie zu Hause oder auf dem Hof?
* Essen Sie gerne Wurst?
* Welche Redewendungen rund um das Schwein kennen Sie?

Stammtisch-Prahlerei

Meine Eltern besaßen eine Gaststätte, den Lindenkrug. Wie alle Dorfgaststätten stand er in der Mitte des Dorfes direkt neben der Kirche.

Oft mussten meine Geschwister und ich in der Gaststätte mithelfen – besonders, wenn Familienfeste gefeiert wurden. Dann musste ich Kaffee einschenken und Kuchen verteilen, das Abendessen ausgeben und Bier und Schnaps ausschenken. Bereits mit zehn Jahren konnte ich Bier zapfen.

Wenn meine Eltern im Festsaal zu tun hatten, half ich oft in der Gaststätte hinter der Theke aus. Viele meiner Klassenkameraden bedauerten mich, aber eigentlich hatte ich gar kein so schlechtes Leben. Ich lernte viele Menschen kennen und hörte die interessantesten Geschichten. Besonders spannend waren die Geschichten der Stammtischgäste, die am Samstagabend bei uns eintrafen. Die Stammtischgäste waren angesehene Handwerker aus unserem Dorf: der Schmied, der Schlosser, der Bäcker, der Schuster. Auch unser Geografielehrer Sievers saß hin und wieder bei ihnen.

Viele der Handwerker hatten ein abenteuerliches Leben hinter sich. Sie waren auf Wanderschaft gewesen und hatten ferne Länder bereist. Und was sie alles zu erzählen hatten! Da blieb mir manchmal vor Aufregung die Spucke weg und ich vergaß, das Bier weiterzuzapfen.

„Junge, trödel nicht so mit dem Bier!", rief mir der Schuster ungeduldig zu, als mich wieder einmal eine seiner Abenteuergeschichte in Bann zog. Schnell brachte ich es ihm, setzte mich dann für ein paar Minuten in die Nähe ihres Tisches, um besser zuhören zu können.

„Guckt euch mal diesen Bären an!", rief Dreimann, der Schuster, und zeigte auf das große Bild, das an der Wand hing. Es zeigte einen Bären, der die Zähne fletschte. „Genauso einem Bären bin ich begegnet."

„Wirklich?“, riefen die anderen überrascht. „Erzähl mal.“

„Ich war in Alaska“, berichtete der Schuster. „Zusammen mit meinen Freunden bin ich durch die bewaldeten Hügelländer gewandert. Wir waren müde und hatten großen Hunger. Einige meiner Freude bauten unser Zelt auf, die anderen machten ein Lagerfeuer. Mein Freund Jim und ich beschlossen, angeln zu gehen und für das Abendessen zu sorgen. Wir nahmen unsere Angeln, setzten uns an den nahegelegenen Fjord und lockten die Fische mit Brotkrumen an. Kurze Zeit später hatten Jim und ich einige dicke Fische gefangen.

Plötzlich hörten wir ein lautes, gefährliches Brummen.

„Ein Bär!“, rief Jim. „Los, versteck dich!“ Und er selbst kletterte so schnell er konnte einen Baum hinauf.

Ich war wie gelähmt vor Schreck. Ich stand dort an dem Fjord und bewegte mich nicht. Der Bär kam direkt auf mich zu. Junge, Junge, das war vielleicht ein Riesenvieh! Genauso hat er ausgesehen.“ Der Schuster zeigte auf das Bild und wir alle starrten ehrfurchtsvoll zu dem Bären hinüber.

Ich machte mich an meinem Tisch ganz klein und bewegte mich nicht. Unbedingt wollte ich die Geschichte zu Ende hören.

„Er brüllte laut, als er mich sah!“, fuhr der Schuster fort. „Und dann – ihr glaubt es nicht – griff er in den Eimer und klaute mir meine dicken, leckeren Fische.“

Die Stammtischfreunde lachten. Mein Geografielehrer Sievers hatte seine Augen weit aufgerissen. Atemlos hörte er dem Schuster zu.

„Und was hast du gemacht?“, fragte er dann.

Der Schuster lachte. „Ihr werdet es nicht glauben“, erzählte er weiter. „Aber der Bär blieb neben mir stehen und sah mir beim Angeln zu. Und als ich wieder einen Fisch gefangen hatte, reichte ich ihn direkt an den Bären weiter und er fraß ihn mit Genuss. So verbrachten wir eine geschlagene Stunde. Ich angelte, er aß.“

Die Freunde lachten laut. „Immer noch besser, als wenn er dich gefressen hätte“, meinten sie.

Der Schuster nickte. „Das habe ich genauso gesehen“, antwortete er. „Und nach einer Stunde schien er satt zu sein und er trollte sich gemütlich von dannen. Erst dann kam Jim von seinem Baum heruntergeklettert. Glaubt mir, Freunde, an dem Tag hatten wir keinen Hunger mehr auf Fisch. Abends gab es lediglich trockenes Brot und Tee.“

Die Freunde lachten. Nun erzählten auch die anderen ihre abenteuerlichen Geschichten. Nur mein Geografielehrer war an diesem Tag sehr still. Dabei erzählte er in der Schule oft von seinen weiten Reisen.

Einige Tage später hatten wir wieder Geografieunterricht. Lehrer Sievers wanderte durch die Klasse.

„Wisst ihr eigentlich, wo Alaska liegt?“, begann er schließlich.

Erst wollte ich mich melden, aber er nahm den Franz dran und der hatte natürlich wieder mal keine Ahnung.

„Beim Riesengebirge“, sagte Franz. Er war noch nie aus seinem Dorf rausgekommen, aber er hatte einen Onkel, der aus dem Riesengebirge kam.

„Oh nein, das darf doch nicht wahr sein“, rief Sievers. „Du hast ja überhaupt keine Ahnung! Du bist wahrscheinlich noch nie aus deinem kleinen Dorf rausgekommen, was?“

Franz wollte etwas sagen, aber Sievers winkte ab.

„Ich bin schon durch die ganze Welt gereist“, erzählte er. „Aber in Alaska war es ganz besonders aufregend. Bären gibt es dort. Große, gefährliche Braunbären.“

Ich nickte, denn ich erinnerte mich an die Geschichte des Schusters.

„Habe ich euch eigentlich mal erzählt, wie ich einem Bären begegnet bin?“

Wir schüttelten den Kopf.

„Ich bin mit meinen Freunden durch das bewaldete Hügelland gewandert“, begann Sievers.

Und nun – ich konnte es nicht fassen – erzählte er haargenau die Geschichte, die der Schuster in unserer Gaststätte am Stammtisch erzählte hatte: Wie er mit seinem Freund Jim angeln war, wie der Bär kam und Jim den Baum hinaufkletterte. Und wie er, Sievers, dann für den Bären die Fische aus dem Fjord fing.

Meine Mitschüler hörten mit offenen Mündern zu. Nur ich konnte das einfach nicht fassen. War das möglich, dass Sievers mit einer Geschichte prahlte, die er gar nicht erlebt hatte? Das durfte doch nicht wahr sein! Ich beschloss, ihn auf die Probe zu stellen. So hob ich meine Hand.

„Wie hieß der Fjord?", fragte ich.

Sievers musterte mich misstrauisch. Wahrscheinlich versuchte er, sich zu erinnern, woher er mich noch kannte.

„Das weiß ich jetzt nicht mehr. Ist doch nicht so wichtig", bellte er mich an.

Wieder meldete ich mich.

„Wie groß war der Bär?", fragte ich.

„Fünf Meter bestimmt", meinte Sievers nun.

„Ich dachte, Bären werden nur bis zu drei Metern groß", erwiderte ich.

Nun wurden meine Klassenkameraden unruhig. Sievers funkelte mich wütend an.

„Was bist du denn für ein altkluges Bürschchen!", meckerte er. „Wenn du alles besser weißt, können wir ja mal einen kleinen Test über die Natur- und Tierwelt in Alaska schreiben. Dann kannst du ja beweisen, wie gut du dich auskennst."

„Halt doch die Klappe!", fauchte mich nun Franz an, der natürlich keinen Test schreiben wollte.

Da schwieg ich. Aber ich ließ mir nichts vormachen. Sievers war noch nie in Alaska gewesen. Mit seiner Bärengeschichte hatte er uns einfach einen Bären aufgebunden.

Lassen Sie erzählen:

* Welche fremde Länder haben Sie bereist?
* Was haben Sie auf Ihren Reisen erlebt?
* Was sind typische Stammtischgespräche?
* Hat Ihnen schon einmal jemand eine abenteuerliche Geschichte aufgetischt, die sich als unwahr herausgestellt hat?

In letzter Minute

Es war der 30. Juni 1965. Die freiwillige Feuerwehr Delmenbrück bezog ihr neues Vereinshaus. Fast zwei Jahre hatten sie an diesem Haus gebaut, hatten eigenhändig die Mauern hochgezogen und den Dachstuhl gesetzt, die Pfannen aufgelegt und die Fenster eingesetzt. Nachdem nun auch alles verputzt und gestrichen war, konnte man sich endlich zur ersten Versammlung um den großen Tisch zusammenfinden und die Aufgaben für das neue Jahr verteilen.

Als die Arbeit getan war, streckten alle ihre Beine aus.

„Josef, reich mal ein Bier rüber!"

Der Kasten Bier wurde in die Mitte gestellt. Der Flaschenöffner wanderte herum.

„In Zukunft machen wir jeden Dienstag um diese Zeit Stammtisch, was meint ihr?", schlug Kurt Nölke vor.

Die anderen nickten und lachten. Genüßlich ließen sie das kühle Bier die Kehle herunterrinnen. Das hatten sie sich wirklich verdient.

Josef Schneider trat zum Fenster und schaute hinaus.

„Was für eine schöne Aussicht wir von hier haben", freute er sich. „Das ganze Dorf kann man überblicken."

Kurt stellte sich neben ihn.

„Wirklich schön", musste er zugeben. „Und wie atemberaubend das aussieht. Ganz rot versinkt die Sonne hinter dem Töllehof."

Die beiden Männer standen still nebeneinander und blickten hinaus. Dann wurden sie unruhig.

„Sieht irgendwie komisch aus mit der Sonne", meinte Kurt plötzlich.

„Das sieht eigentlich so aus als wenn ... Himmel, das sind doch Flammen, oder?"

Mit einem Satz waren auch die anderen Fünf der Freiwilligen Feuerwehr am Fenster.

„Mein Gott, es brennt bei Tölles!“, rief Rainer.

„Setzt den Notruf ab!“, brüllte Josef.

Jetzt sah man es klar und deutlich. Aus der Scheune neben dem Schweinestall schlugen die Flammen empor.

Josef stürzte zum Funkmelder hinüber. Er bestätigte den Signalton des Funkmeldeempfängers. „Feuer auf Hof Tölle!“, rief er. Der Alarm erreichte auf diese Weise die Leitstelle. Zur gleichen Zeit betätigte Kurt die Sirene über Funk. Eine laute, schrille Folge an Tönen ertönte.

„Los, Männer!“, kommandierte Heinrich.

Das Heulen der Sirene brachte alle in Trab. Jetzt war die Zeit gekommen, zu zeigen, was man schon seit Wochen und Monaten geübt hatte. Die Männer sprangen auf und rannten aus dem Vereinshaus. Dabei rissen sie im Vorbeigehen die roten Jacken von den Haken und setzten die Helme auf. Schnell rannten sie aus dem Vereinshaus zum Feuerwehrhaus hinüber. Einige Dorfbewohner, die ebenfalls bei der Freiwilligen Feuerwehr waren, trafen zur gleichen Zeit im Feuerwehrhaus ein. Die Garagentore wurden aufgerissen. Die Männer sprangen in die Feuerwehrautos. Dann setzte sich das erste Auto in Bewegung. Blaulicht ertönte. Das zweite Auto folgte. Bald war der ganze Zug an Feuerwehrautos ausgerückt.

Josef, Kurt und Heinrich gehörten zu den ersten Feuerwehrmännern, die auf dem Töllehof ankamen. Schwarzer Rauch qualmte ihnen entgegen, die Flammen schlugen bereits meterhoch aus der Scheune.

Der Bauer und seine Frau rannten voller Panik über den Hof.

„Das Vieh muss in Sicherheit gebracht werden", brüllte Bauer Tölle und wollte sich in den Schweinestall stürzen. Aber Josef hielt ihn fest.

„Das ist unsere Aufgabe", rief er. „Männer, an die Arbeit. Sind noch Personen im Haus?"

„Alle in Sicherheit", meldete ein Feuerwehrmann.

„Dann lasst uns das Feuer in Schach halten. Es darf nicht auf die Ställe überspringen!", brüllte Josef.

Das war leichter gesagt als getan. Das Stroh, das in der Scheune gelagert war, bot dem Feuer Nahrung. Die Flammen schlugen höher und höher. Die Glasfenster splitterten.

Jetzt war auch die Berufsfeuerwehr zur Stelle. Sie setzten sich Atemschutzmasken auf und rannten in die Ställe. Schnell wurde das Vieh auf die Wiesen getrieben. Dann versuchten sie, die Flammen mit ihrem Löschschaum aufzuhalten.

„Hauptsache, der Wind dreht nicht“, murmelte Kurt und schaute besorgt in den Himmel. Die Wolken hatten sich zusammengezogen. Ein leises Donnergrollen war zu hören.

„Jetzt ein ordentliches Gewitter und wir wären gerettet“, murmelte Josef.

Tatsächlich begann es kurz darauf, zu regnen. Dicke Tropfen fielen vom Himmel, vermischten sich mit dem Löschschaum und prasselte auf die brennende Scheune hernieder. Die Flammen zuckten, wurden weniger und weniger. Dann endlich versiegten sie. Es qualmte immer noch sehr stark, aber es brannte nicht mehr.

„Das war knapp“, murmelte Kurt, „Aber wir haben es geschafft.“

Die Scheune war ausgebrannt, der Dachstuhl ragte schwarz und bedrohlich über dem verbrannten Stroh. Doch die Ställe waren unversehrt geblieben. Und das Wohnhaus der Tölles sah aus wie eh und je.

„Dem Himmel sei Dank“, murmelte Bauer Tölle und wischte sich den Schweiß von der Stirn. „Das hätte ganz anders ausgehen können.“

„Wie gut, dass unser Vereinshaus so einen Ausblick über das Dorf bietet“, versuchte Josef, zu scherzen.

„Und wie gut, dass auch der liebe Gott ein bisschen beim Löschen mitgeholfen hat“, murmelte Kurt.

Die Schweine und Kühe konnten wieder zurück in die Ställe geführt werden. Für die Glutherde, die immer noch ausbrechen konnten, wurden ein paar Wachen aufgestellt.

Schließlich machte sich die Feuerwehr auf den Rückweg. Das Bier im Vereinshaus hatten sie sich jetzt auf alle Fälle verdient.

Als der Töllehof renoviert und die Scheune wieder neu aufgebaut worden war, trat auch der Bauer Tölle der Freiwilligen Feuerwehr bei. Er wusste jetzt, wie wichtig es war, für die Hilfe anderer schnell zur Stelle zu sein.

Lassen Sie erzählen:

* Gab es in Ihrem Ort auch eine Freiwillige Feuerwehr?
* Waren Sie Mitglied bei der Freiwilligen Feuerwehr?
* Welcher Einsatz bei der Freiwilligen Feuerwehr ist Ihnen in besonderer Erinnerung geblieben?
* Gab es in Ihrem Ort einmal einen Brand?
* Wie kam es zu dem Brand?

Das neue Katzenhaus

Immer wenn ich das neue Katzenhaus in unserem Tierheim betrete und sich die Katzen an meine Beine schmiegen und schnurren, muss ich an diesen unglaublichen Tag denken, an dem wir es geschenkt bekamen.

Zunächst zu mir. Ich heiße Gisela und arbeite, seit ich in Rente bin, ehrenamtlich im Tierheim. Immer schon habe ich mich für Tiere interessiert. Ich hatte als Kind Vögel gepflegt, die aus dem Nest gefallen waren, hatte

Kröten über die Straße getragen und war mit den Hunden der Nachbarschaft Gassi gegangen. So war es selbstverständlich, dass ich mich auch im Alter um Tiere kümmern wollte.

Im Tierheim arbeiteten wir zu viert: Elfie, Heinz, Ulrich und ich. Es gab immer viel zu tun. Besonders in den Ferien platzten wir aus allen Nähten. Wenn die Leute in den Urlaub fuhren, setzten sie oft ihre Tiere bei uns ab und sausten davon.

„Wir nehmen keine Tiere mehr auf", sagten wir den Leuten immer. „Wir platzen schon aus allen Nähten."

Aber dann banden sie nachts ihre Hunde an unsere Tierheimtür oder warfen die Katzen einfach über den Zaun.

Das war schrecklich.

Einmal im Monat trafen wir uns immer zum Stammtisch in der kleinen Kneipe, die direkt neben unserem Tierheim lag.

Als Ulrich, Heinz und ich an diesem Sommerabend dort draußen auf der Terrasse saßen, saß ein älterer Herr am Nebentisch. Allerdings beachteten wir ihn kaum, weil wir so ins Gespräch vertieft waren. Wir sprachen über verschiedene Tiere, redeten über die Arbeit im Heim, die noch zu tun war, und sprachen über unser größtes Problem: die vielen, vielen Katzen. Im Mai waren allein sechs neue Katzen zu uns gebracht worden, die kurze Zeit später Junge bekamen. Wir wussten einfach nicht mehr, wohin mit den vielen Katzenbabys.

„Wo ist Elfie eigentlich?", wunderte sich Ulrich.

„Die ist immer noch im Tierheim", berichtete ich. „Heute gab es ein Problem mit einer Dogge, die nicht mehr fressen mag. Sie ..."

Ich brach ab, denn in diesem Moment trat Elfie auf die Terrasse. Sie hatte einen Hund an der Leine. Linus, eine schwarze Dogge, war seit einer Woche bei uns. Er war ein unglücklicher Riese. Sein Frauchen war gestorben und eine Verwandte hatte Linus bei uns abgegeben. Keiner der Verwandten traute sich zu, sich um Linus zu kümmern. Das war ihnen nicht zu verdenken, denn Linus war wirklich ein Dinosaurier unter den Hunden, fraß täglich zwei Dosen Hundefutter und brauchte viel Bewegung, aber er war unheimlich lieb. Er war uns allen ans Herz gewachsen.

Linus war unglücklich bei uns. Er lag fast immer bewegungslos in der Ecke und fraß überhaupt nicht mehr. Fünf Kilo hatte er schon abgenommen.

„Wieso hast du Linus dabei?", fragten wir verwundert.

Elfie seufzte und setzte sich zu uns.

„Ich musste es einfach tun", berichtete sie. „Er sah so unglücklich aus. Als ich gehen wollte, schaute er mich aus diesen großen, traurigen Augen an." Sie seufzte tief. „Ich habe mich noch zu ihm gesetzt und mit ihm geredet", berichtete Elfie weiter. „Aber als ich dann irgendwann gehen wollte, jaulte er leise." Sie lächelte unglücklich. „Da habe ich die Leine geholt und ihn mitgenommen. Ich glaube, er schläft diese Nacht bei mir." Sie überlegte. „Vielleicht nehme ich ihn auch für immer zu mir", sagte sie.

Elfie war ein besonders mitfühlender Mensch. Eigentlich hätte sie am liebsten fast alle Tiere aus dem Heim mit nach Hause genommen. Aber Linus und sie wirkten, als wären sie füreinander bestimmt. Auch jetzt legte Linus seinen großen Kopf auf ihre Füße. Elfie streichelte ihn.

Der ältere Herr von gegenüber schaute nun zu uns herüber. Er betrachtete uns, nickte dann Elfie zu und blickte nachdenklich zu Linus. Dann vertiefte er sich wieder in seine Zeitung.

Wir redeten über die Arbeit, die im Sommer anstand. Vor allem beschäftigte uns die Frage, wo wir die vielen Katzen unterbringen sollten.

„Wenn wir nicht bald ein neues Katzenhaus bekommen, bekämpfen sich die Tiere alle gegenseitig!", erklärte

Heinz. „Katzen sind nun mal Einzelgänger. Die sitzen viel zu eng auf einem Fleck."

„Aber woher sollen wir das Geld nehmen?", rief ich. „Du weißt doch selbst, wie wenig wir in unserer Vereinskasse haben."

„Vielleicht können wir einen Basar veranstalten und für ein neues Katzenhaus sammeln?", schlug Ulrich vor.

„Bei dem letzten Basar haben wir gerade mal ein paar 100 Euro zusammengekriegt", erinnerte ich Ulrich. „Für ein Katzenhaus aber brauchen wir bestimmt 5 000."

Mit einem Ruck schaute der Herr auf, der uns gegenüber saß.

„5 000?", fragte er. Wir sahen ihn überrascht an. Noch hatten wir gar nicht bemerkt, dass er mitgehört hatte.

„Mindestens", erklärte Elfie. „Eher sogar 6 000."

Nun zog der Mann einen Block und einen Stift aus seiner Anzugtasche.

„6 000", murmelte er und notierte die Summe auf seinem Block. „Für das Tierheim Nord."

Jetzt erst begriffen wir, dass er uns einen Scheck ausgestellt hatte. Er reichte ihn uns.

„Für das Katzenhaus", sagte er.

„Aber …", rief Elfie und klappte erstaunt ihren Mund auf und zu. „… das können Sie doch nicht machen!"

„Und warum nicht?", wunderte sich der Mann. „Ich

kann doch mit meinem Geld machen, was ich möchte."
Er lächelte. „Schauen Sie doch, Sie opfern Ihre ganze Freizeit für die Tiere. Und Sie …", er nickte Elfie zu, „… haben sogar so viel Mitleid, dass Sie einen riesigen Hund mit zu sich nach Hause nehmen. Da kann ich doch mal 6 000 Euro für ein Katzenhaus spenden, oder?"

Elfie wusste nicht, was sie dazu sagen sollte. Sie war fassungslos.

„Aber …", begann sie noch einmal.

Da gab ich ihr einen leichten Tritt gegen ihr Schienbein.

„Das ist eine wundervolle Idee", sagte ich und nahm den Scheck an. „Sie haben Recht, wir brauchen dieses Katzenhaus so dringend. Danke, dass Sie es uns spenden wollen."

Jetzt kam auch Leben in Heinz und Ulrich.

„Das ist wirklich zu großzügig", rief Ulrich.

„Die Katzen werden es Ihnen danken", ergänzte Heinz.

Der Mann lachte. Dann verbeugte er sich und ging zur Gartentür hinaus.

„Wollen Sie nicht eine Spendenquittung?", rief ich ihm nach. Doch er winkte ab, lächelte uns noch einmal zu und ging davon.

Kurze Zeit später hörten wir ein Motorengeräusch. Der Mann war fortgefahren.

Elfie fand als Erste die Sprache wieder.

„Das gibt es doch gar nicht!“, sagte sie.

„Vielleicht ist der Scheck gefälscht“, mutmaßte Ulrich.

Doch der Scheck war nicht gefälscht. Wir hatten tatsächlich einen Unterstützer für unser Katzenhaus gefunden.

Im Herbst stand das neue Katzenhaus auf dem Gelände des Tierheims. Die Katzen hatten nun wieder genug Platz, sich darin zu verstecken.

Unglaublich, dass man manchmal auf solche spendable Menschen trifft. Noch heute sind wir diesem Herren für seine großzügige Spende dankbar.

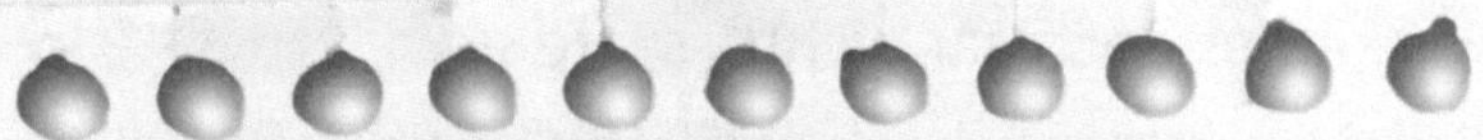

Lassen Sie erzählen:

* Mögen Sie Tiere?
* Hatten Sie Haustiere?
* Was für ein Haustier hatten Sie?
* Welches Haustier würden Sie sich wünschen?
* Waren Sie schon einmal in einem Tierheim?
* Engagieren Sie sich ehrenamtlich für eine Sache?

Nur Mut:
Wir suchen Sie als neue(n) Autor(in)!

Sie müssen weder ein zweiter Goethe noch ein lehr- und wissenschaftserprobter Professor Doktor sein: Wir suchen ganz konkret nach echten Praktikern, die im Bereich der Altenpflege in der Betreuung tätig sind und bisher vor allem „gemacht" anstatt geschrieben haben! Vielleicht haben Sie schon lange ein tolles therapeutisches Konzept in der Schublade liegen oder kennen einen cleveren Ansatz für die Pflegepraxis, der sich in der täglichen Arbeit für Sie bewährt hat. Vielleicht haben Sie auch einfach „nur" eine spannende Idee, die Sie immer mal wieder beschäftigt. Ganz gleich, wie weit vorangeschritten: Wir unterstützen Sie von den ersten Gehversuchen an und entwickeln gemeinsam mit Ihnen ein gutes Produkt, das wirklich praxistauglich ist. Schicken Sie uns einfach eine E-Mail an **info@verlagruhr.de**, verraten Sie uns, aus welchem (Pflege-) Bereich Sie kommen, und beschreiben Sie uns kurz Ihre Idee. Wir sind gespannt auf Ihre Vorschläge – denn wer weiß genauer, wo Ihnen und Ihren Kollegen im Alltag der Schuh drückt, als Sie selbst? Eben: niemand! Darum nur Mut – melden Sie sich bei uns.

Postfach 10 22 51
45422 Mülheim an der Ruhr

Telefon 030/89 785 235
Fax 030/89 785 578

bestellungen@cornelsen-schulverlage.de
www.verlagruhr.de